明鉴 周其星————主编　　艾秋菊 刘佳颖 朱玮————著

讲给孩子的百年梦想①

书画家的故事 II

深圳出版社

图书在版编目（CIP）数据

讲给孩子的百年梦想. ①, 书画家的故事. Ⅱ / 明鉴，周其星主编；艾秋菊，刘佳颖，朱玮著. -- 深圳：深圳出版社，2024. 10. -- ISBN 978-7-5507-4088-4

Ⅰ. K820.7

中国国家版本馆CIP数据核字第2024BX1625号

讲给孩子的百年梦想①：书画家的故事Ⅱ
JIANG GEI HAIZI DE BAINIAN MENGXIANG①: SHUHUAJIA DE GUSHI Ⅱ

出 品 人	聂雄前
责任编辑	邱秋卡
责任校对	万妮霞
责任技编	梁立新
封面设计	Yoorich Studio

出版发行	深圳出版社
地　　址	深圳市彩田南路海天综合大厦（518033）
网　　址	www.htph.com.cn
订购电话	0755-83460239（邮购、团购）
设计制作	深圳市龙瀚文化传播有限公司 0755-33133493
印　　刷	深圳市希望印务有限公司
开　　本	889mm×1194mm　1/32
印　　张	6.25
字　　数	78千
版　　次	2024年10月第1版
印　　次	2024年10月第1次
定　　价	29.80元

序言
百年梦想，筑梦儿童

从1921年到2021年，百年时光成就百年梦想，中国绽放着璀璨的红色光芒！

看今日之中国，气象万千，山河壮美，人民幸福，国泰民安。有今日之成就，我们不要忘记曾经走过的路；要走好今天与未来的路，就莫要忘记前面引路的人。正如习近平总书记告诫我们的："一切向前走，都不能忘记走过的路；走得再远、走到再光辉的未来，也不能忘记走过的过去，不能忘记为什么出发。"这就是我们不忘初心的原因。

习近平总书记还特别强调，要"大力发扬

红色传统、传承红色基因，赓续共产党人精神血脉，始终保持革命者的大无畏奋斗精神，鼓起迈进新征程、奋进新时代的精气神"。

不忘初心，方得始终。为庆祝建党百年，我们邀请了全国知名儿童阅读推广人——周其星老师和他的写作团队，一起编写了百年来为国家做出巨大贡献、在自己的专业领域里开创出一片光辉前程的卓越人士的动人故事——"讲给孩子的百年梦想"丛书。

丛书第一辑从"书画家""教育家""科学家""体育人""文学家""音乐家""英雄先烈"七个领域，选编出最能触发社会关注的典型人物的感人事迹，广泛征询了社会各方面意见，特别邀请了中国社会科学院、中国科学院大学的专家学者进行审阅指导，最终在海天出版社（现深圳出版社）的大力支持下顺利出版，与读者见面。

此外，九三学社深圳市委员会一直高度关注儿童的健康成长，尤其重视青少年的思想教育。

对这套丛书，从一开始的创想到后续的走进街道社区、走进学校课堂、走进边远地区等一系列红色公益助学活动，他们始终与我们并肩站在第一线。

在此，向所有助力本套丛书的朋友致敬且一并感谢！

早在2019年，笔者就怀有一个梦想，希望能为我们的孩子做点有意义的事，希望他们的阅读视野里多一些闪闪发光的真英雄，希望他们知道今天的幸福生活来自哪些人的奋斗和努力，希望社会各领域的优秀人物被更多人看见……

当年的梦想已经变成现实，"讲给孩子的百年梦想"丛书出版后，深受读者朋友们的喜爱，正被万千儿童阅读。梦想的种子已经种下，伟大的故事正在传播。丛书还被《人民日报》推荐，先后入选"全国百班千人读写计划"共读书单、新疆新闻出版"东风工程"赠阅书单，以及海天出版社2021年度"十大好书"等。

在此激励下，我们继续组织编写了第二

辑丛书。这次，我们除了延续第一辑中"书画家""科学家""文学家""英雄先烈"四个领域的传奇人物故事外，还新增了"实业家""身边人"的动人故事。

未来，我们还将不断地精心选题，决心把"讲给孩子的百年梦想"系列丛书持续编写下去……

十年树木，百年树人。希望我们的孩子，通过阅读丛书，学会发现平凡中的伟大，懂得坚持中的不朽。

这是故事的力量，更是梦想的力量！

中国优生优育协会是一个为促进中国优生优育事业的发展、为中国人民的幸福健康、为中华民族的伟大复兴而不懈努力的群众团体。红色文化传承工作委员会隶属于中国优生优育协会，致力于中国红色文化的传承与教育工作。

我们衷心希望并且笃信，通过阅读这些先进人物的光荣故事，孩子们能够从小奠定精神的底色，成长为民族的脊梁、国家的骄傲；通过阅读这些英模追求梦想的故事，我们的孩子可以汲取无限的力量，遇见更好的自己。

祝福我们的孩子，越来越快乐！

祝福英雄的人民，越来越幸福！

祝福伟大的祖国，越来越强盛！

祝福当今的世界，越来越和平！

中国优生优育协会副会长

红色文化传承工作委员会主任

明鉴

2023年9月25日

目录

中西合璧独求索，虎啸山河岭南知

——高剑父

高剑父（1879—1951）

中国画家。名崙，字剑父，后以字行，广东番禺（今广州）人。早年师事居廉。曾留学日本，在东京学画，研究日本及欧洲绘画艺术。后加入同盟会，组织广东支会，任会长。辛亥革命后，从事美术教育工作，创春睡画院、南中美术院。擅山水、花鸟、走兽，亦作人物画，着重写生，融合日本和西洋画法，善用色彩或水墨渲染，别具一格。从学者甚众，形成"岭南派"。

　　文能提笔赋诗、泼墨作画，武能上马杀敌、威慑一方。作为岭南派的代表人物，高剑父以其中西合璧的独特美学追求在画坛独树一帜，他将西方绘画的写实主义、透视、光影等融入中国传统技法，让画面更立体、生动。虽经历了长达数年的新旧纷争，但他淡然处之，立场坚定，其兼容并蓄的创新精神为岭南派乃至中国画坛注入了一股崭新的活力。

穷苦童年，绘画启蒙

　　高剑父出生于农历八月二十七日，这一天在黄历上被认为是大凶之日。他的出生并没有给家人带来欢乐，反而带来了无尽的愁苦。老人们断言在这一天出生的孩子是"天降煞星"，一定会给家族带来厄运，因此差点将他送去当地教会的孤儿院。

　　所幸，高剑父的父亲高宝祥是行医出身，医者仁心，他不太相信这些迷信思想，更难以割舍掉骨肉之情。母亲喜极而泣，紧紧抱着这个差点被送走的孩子。谁能想到，一代美术大师小时候竟有如此跌宕起伏的命运？父亲给高剑父先后取名嵛、麟，成年后改名为爵廷，字剑父，后来便以字为名。

　　高剑父的祖父高瑞彩也是一位颇有名气的医生，前来求医问药的人络绎不绝。祖父不仅医术了得，还擅画竹，武术也十分不错，真可谓文武双全。父亲高宝祥也继承了祖父的衣钵，悬壶济世，能画善武。

　　如果不出意外的话，高剑父的人生应该像祖父和父亲的一样，行医济世，文武兼济。然而世事岂能尽如人意？随着家中人口的增长，生活开支不断增加，祖父年纪日长，身体也大不如前，后来还患上了肺病，不能再外出行医了。生活的重担落在父亲高宝祥一个人身上，高家的生活日渐窘迫起来。

四岁那年，高剑父眼看就到识字读书的时候了。可高家家道日渐衰落，如果交了学费，家里人恐怕连吃饭都成问题，更别提买药了。父亲原本不想让高剑父去上学，病榻上的祖父却坚定地说："书是一定要去读的，药就不要买了吧。"深谙医术的祖父心里清楚，自己的肺病不是那么好治的，甚至根本就治不好，可让孙子读书受教育却是正事，耽误不得。

就这样，高剑父背负着父辈的期望进入私塾开始学习。他天资聪颖，悟性极高，尤其善于观察和模仿。他博闻强记，很快就熟读《三字经》《千字文》之类的蒙学读物，还能出口成章。他的字也写得好，还特别喜欢"画公仔"，书里的人物绣像和插图都被他临摹个遍。

有一次，先生正在教大家背诵《千字文》，突然看到高剑父在下面低着头一言不发，没有跟着诵读，于是生气地把他叫到跟前，问他是否记住了刚才的内容，没想到高剑父一字不漏地把全文背了出来。先生很是惊讶："你刚才明明在开小差，没有跟着读，那你在做什么？"高剑父小声说："在画画。"当先生看到画时，忍不住笑了起来。原来高剑父画的正是刚才自己教孩子们读书的模样：只见先生闭着眼睛，背着手，沉浸在古诗文的韵律里。还别说，画得很传神！先生的气马上烟消云散了，以后上课时更是对他宽容了很多。此后，高剑父看到什么就画什么，画什么还像什么，不知不觉间积累了很多素材。

美好的日子总是过得飞快。不久后，祖父因病去世，这让处在风雨飘摇中的高家愈发艰难。高剑父八岁那年不得不中断学业，为了减轻家里的负担，他先后投靠了几个亲戚，放牛、打杂、干农活，什么都干。他继承了母亲性格里的隐忍、勤劳和坚韧，白天干活，晚上去夜校上课。他爱读书，不可一日无书，尽管白天已经十分劳累了，可是一到夜校就精神十足，学习也十分认真。族里有个叔叔略通文墨，尤其擅长画竹，闲暇时常带着他读书赏画，还细心地教他画竹。这种耳濡目染的熏陶，对少年高剑父来说是不可多得的艺术启蒙。

转益多师，博采众长

自此，高剑父绘画的热情被点燃了，只要有空，他就认真钻研该怎么画好竹。他常常认真观察、触摸竹林中的竹子，观其形，听其声，沉浸在竹的世界里，忘了吃饭，也忘了睡觉。有一次，他正琢磨怎么用一种新的方法来画竹，全然不知身后早已站了一个人，正默默看着他画了好久。这个人名叫高祉元，是高剑父的族兄。他是城里人，朋友多，交际广，看到高剑父对画画如此着迷，便将他引荐给一位名师。

这位老师就是岭南文化界大名鼎鼎的书画家居廉。居廉师从堂兄居巢。在文人画、书法和题诗的基础上，居廉又大胆结合了西洋的水彩画法，使得画作野趣横生，随性自然，摆脱了文人画的清冷、孤高，形成别具一格的绘画风格。

　　居廉不仅画艺高超，为人也十分随和，他古道热肠又淡泊名利，遇上出身贫苦的学生，总是想方设法帮他们减免学费。为了照顾这些学生的自尊心，他安排他们做些扫地、泡茶、锄草之类的杂活，再给予资助。跟着居廉，学生们不仅能精进了画艺，耳濡目染之下，也懂得一个艺术家应有良好品行。

　　能跟着仰慕已久的画家学画，高剑父内心十分高兴，分外珍惜这难得的机会。此时他的家境每况愈下，但他一点也不觉得苦。他住的地方离居廉的住所十香园有十余里地，每天天还没亮，他就早早起床，走路赶往老师家，晚上又风尘仆仆地走回家，无论刮风下雨，他都从未想过放弃。后来，父亲病重，为了将饭钱省下来给父亲治病，他宁愿白天饿着肚子，硬撑到晚上回家才胡乱吃两口饭。

　　慢慢地，居廉得知了高剑父的情况，十分心疼这个认真好学的孩子，于是提议让高剑父住在自己家，并为他免除学习费用。高剑父对此十分感激，只能用行动来回报老师的关爱：每天起床第一件事便是为老师打好洗脸水，泡茶、研墨、观摩、洗笔，从不敢懈怠。他认真观摩居廉作画的过程，终于领悟了用"撞粉法"和"撞水法"画枝叶的精髓。在老师家中，高剑父刻苦学画，细致临摹，绘画技艺突飞猛进。

对高剑父产生了深远影响的第二位老师是伍德彝。高剑父跟随居廉习得了中国画的技法，追随伍德彝的这段经历则让他更深入传统，广采众长。

伍德彝也是居廉的学生，但其实两人更像忘年知己。他比高剑父年长十几岁，对高剑父来说是如父如兄又如师般的存在。伍德彝非常欣赏高剑父的才华，为他解决了吃住问题，还提供充足的笔墨纸砚，让他得以尽情临摹历代名画。这对热爱绘画的高剑父来说，无疑是如饮甘露，于是他比以前更加勤奋了。他在伍家临摹历代名人古画，这段经历大大开阔了他的视野，让他领略了一个精深幽微的美学境界。伍师兄虽然没有教给他具体的绘画技法，却让他看见了更广阔的天地，为他打开了通往艺术之境的天窗。对一个学画的人来说，眼界的开阔是十分重要的，更多的观摩与交流，更多的切磋与碰撞，为他的绘画艺术之路奠定了扎实而稳固的基础。

在伍家，高剑父结识了很多名人雅士。伍家经常举办各种书画交流会。有一次，来了一位日本画家山本梅涯，当时正值隆冬，大家在伍家喝酒赏梅，酒过三巡后，所有人都有点微醺，山本梅涯提议大家合作画一幅画。不管是论年龄还是论资历，高剑父都只能排在最后，所以轮到他画的时候，画纸几乎已经无处落笔了。他灵机一动，提笔在一侧画上一束枯萎的蜡梅枝叶，旁边缀有零星几朵黄色梅花。虚空与留白的技艺被高剑父拿捏得恰到好处，他也赢得了大家如雷的掌声。山本梅涯记住了这个特别的年轻人，之后便经常和他交流画艺，甚至还鼓励他去日本留学深造。

山本梅涯的建议犹如一盏明灯，东渡日本

的念头开始在高剑父的心中萌芽，后来在述善学堂任教期间，这个念头更加强烈了。他到处筹借学费，历经千辛万苦，终于在1906年达成这个心愿。在去日本的轮船上，由于旅费有限，他所在舱室的住宿和卫生条件特别恶劣，时常吃不饱、睡不好，到达日本后正值隆冬，寒风刺骨的夜晚，他总被冻得夜不能寐。很快，他身上仅有的一点钱也用完了，随时可能露宿街头。

好在天无绝人之路。高剑父怎么也没有想到，在异国他乡能遇到老朋友——廖仲恺和何香凝夫妇。何香凝不但是中国近代民主革命家、社会活动家，还是当时中国画坛小有名气的艺术家，他们夫妻俩追随孙中山投身于中国的民主革命运动，也时常关照留学在外的有志青年。高剑父在伍家学画时，廖仲恺曾在伍家寄住过一段时间，他和高剑父相互欣赏，颇为投缘，少年时代的友谊便一直延续下来。在遥远的异国他乡重逢，大家都欣喜不已、百感交集，廖仲恺立刻把高剑父接来家中同住，何香凝端出热茶热饭，三人围炉夜谈，这个夜晚特别温暖、安宁。

在廖氏夫妇的帮助下，高剑父入读东京美术学校。在日本求学期间，他临摹了大量日本画家的作品，并努力将西洋绘画中的透视等技法融于国画创作，形成了独具特色的风格。

投身革命，实业救国

"黑夜给了我黑色的眼睛，我却用它来寻找光明。"在日本留学期间，高剑父不仅受到了廖氏夫妇经济上的帮助，经他们的推荐还加入了同盟会，追随孙中山参加各种革命活动，宣传革命思想。高剑父还和何剑士、潘达微等人创办了广东最早的石印画报《时事画报》。

画家的画笔就像文人手中的笔，举起便可作为讨伐时弊的利器。投身革命后，高剑父画了很多凶猛的野兽，如雄鹰、狮子、猛虎，以此来寄寓自己的革命热情，传递革命的力量。1917

年，军阀张勋拥废帝溥仪复辟，孙中山决定南下讨伐，成立中华民国军政府，维护《中华民国临时约法》，史称"护法运动"。高剑父也参加了护法运动，还专门为此画了一幅《猛虎图》，画中一只正在下山的猛虎呈现出势不可挡之势，寄寓了他对革命的壮志豪情。他还以大诗人李白的《猛虎行》为灵感，作了一首《猛虎词》："朝作猛虎画，暮填猛虎词。夜夜梦虎成虎痴，安得化作虎，关山飞渡噬胡儿！"此外，他还画了很多不同环境、不同形态的虎，如病中虎、月夜虎、黑夜虎……他对画虎有如此精深的艺术追求，真可谓是"画虎高于真虎价，千金一纸生风雷"。

在革命陷入黑暗，仿佛看不到微光之际，康有为提出了"物质救国论"，其中一项就是实业救国。高剑父留学日本期间曾系统学习过工艺美术，他想，如果把工艺美术与中国传统的制陶业结合起来，或许是一条很好的救国路径。在孙中山先生的鼓励和支持下，高剑父立志成为中国的陶瓷大王，希冀通过振兴陶瓷业来实现实业救国的理想。在此期间，高剑父发挥所学，绘制了很多瓷器珍品，现均藏于广东省博物馆。

然而时局动荡，国内形势几乎一日一变，高剑父的陶瓷大王之梦很快就破碎了。中华民国第一任教育总长蔡元培发表了《对于教育方针之意见》，提倡美育，主张用美育来陶冶人们的性情，提高人们的精神境界，并以此来对抗封建传统思想。高剑父也借此提出了"新国画"的理念，提出"艺术大众化"的口号。他主张在中国传统技法的基础上融合西洋画法，强调透视、明暗、光线和结构，从而营造出中西合璧的艺术效果。

他绘制的《天地两怪物》就是中西合璧艺术理念的代表作：在传统国画的基础上，加入了透视和光影，用以描绘两种新型武器——飞机和坦克。画作甫一展出，便招来了一片呵斥和反对声。很多人认为高剑父离经叛道、不伦不类，破坏了中国传统画的雅致。面对非议，高剑父不卑不亢，坚持自己的"折中主义"，作画时始终兼顾传统与现代、写意与写实、水墨与色彩……这既是对传统的传承，也富有时代创新精神。艺术家有时候是要"一意孤行"的，这种对艺术的偏执追求或许更有利于形成独特的个人风格。

开馆收徒，求新求变

　　高剑父倡导的"新国画"理念虽然遭到守旧派的反对，但还是受到了很多青年画家和学生的喜欢。正因为早年得到过恩师居廉的提携，高剑父的内心早已播下了一颗薪火相传的种子，他也希望将自己的所学传授给更多的青年学生，培养更多的美术人才。他曾向国民政府提议创办"美术学院"，后来因为资金无法落实而不了了之。那段时间里，高剑父情绪十分低落，除了埋头画画，他还经常到处走动，借以驱散心中的阴霾。有一天，雨后初晴，高剑父散步到了高第街。从明清时期起，高第街就是一条热闹非凡的商业街，是岭南风情的代表街区，历代名人雅士常常流连于此，留下了许多佳话。高剑父一抬头，突然发现了一栋小楼的出租信息，仔细一看，小楼环境雅致，非常适合用来做画室。第二天，他带上弟弟奇峰将小楼租了下来，取名为"怀楼"，二人在此静心画画，度过了一段美好的时光。一年后，他们又租了一间画室，取名为"春瑞草堂"。根据粤语的发音，又名"春睡草堂"。由"春睡草堂"再到规模更大的"春睡画院"，高剑父开馆收徒的传承之旅就此拉开帷幕。

时光仿佛倒流到他在十香园学艺的那些年，居廉老师的一颦一笑，以及他宽容对待学生、毫无保留地传授平生所学的样子依然历历在目，高剑父时时刻刻以恩师为镜，立志将他的精神传承下去。年少时幸遇良师，这种真诚的鼓励、无私的提携终将汇聚成生命的能量，生生不息地传扬下去。

高剑父坚持自己的"新国画"理念，在画院里，他不仅教授中国传统画法，还教授素描、写生等西方绘画课程。他还有一个独到之处，那就是开设了《中西美术史》这门课，让学生了解到最新的艺术思潮，这对于开阔学生的视野无疑是大有裨益的。他特别强调写生、临摹等基本功，像恩师当年严格要求他一样，一丝不苟地要求学生打好基础。有一次，一个学生拿了自己画的《夜游赤壁图》来给他看，自以为画得不错。画上不见赤壁的山崖，只有池水中的倒影，不见明月，只有水中的银光，仿佛这是一种创新。高剑父看后，淡淡地以青蛙和蝌蚪的例子来作比，学生马上就懂了，重新苦练基本功。

在春睡画院期间，高剑父教授的学生多达百余人，用"门庭若市"来形容画院的受欢迎程度也丝毫不为过。其间，他潜心教学，韬光养晦，创作了大量经典画作，然而围绕他而起的传统派和折中派的论战始终没有停止。面对挑衅与不理解，高剑父始终淡然处之，不准备轻易妥协。有学生问："老师，他们那样骂你，你怎么不生气呢？"高剑父淡淡一笑，说："任何一件新事物的诞生，都要经历痛苦的裂变过程。初看起来，好像是我崇洋媚外，但实际上我让你们苦练基本功的用意是什么？"这么一点拨，学生们恍然大悟。原来，高剑父虽然融合了西洋画法，但是从来没有放弃中国传统技法的主导地位，作画时借助西洋透视画法的映衬，反而使中国画显得更加生动传神。这种创新精神深深影响了他的学生。

后来，高剑父又启程前往印度，拜会了印度文坛泰斗泰戈尔，并进一步吸收了印度佛学思想影响下的美学理念，在喜马拉雅地区的艰苦游历也让他对艺术、人生有了更深的体察。此后，他任教于高校，多次举办个人画展，成为岭南派的卓越代表，这些成就的取得和他的革命精神、创新思想和文化传承是密不可分的。细观他的画作，其中的乐观、豁达、无所畏惧仿佛力透纸背，诉说着一代艺术大师的执着追求。

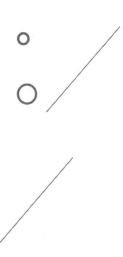

振兴书法行且难，奋楫笃行续新篇

——沈尹默

沈尹默（1883—1971）

中国书法家、诗人。原名君默，字中，号秋明，浙江吴兴（今湖州）人。早年留学日本，曾任北京大学国文系教授、北平大学校长。中华人民共和国成立后任中央文史研究馆副馆长、上海中国画院画师。倡导筹建上海中国书法篆刻研究会，任主任委员。曾投身新文化运动，为《新青年》杂志编辑之一，发表过白话诗。旧体诗词功力亦深。工正、行、草书，以行书著名。精于用笔，清圆秀润中有劲健遒逸之姿，主张以腕行笔，不主张模拟结构，于笔法、笔势多所阐发。晚年致力于普及书法教育。著有《书法论丛》《秋明室杂诗》《秋明长短句》等。

　　毛主席曾说过："饭可以一日不吃，觉可以一日不睡，书不可以一日不读。"

　　对于热爱书法的沈尹默来说，哪怕晚年已高度近视，他仍然坚持"字不可以一日不写"。

一次启发

　　1883年，沈尹默出生于陕西汉阴县的一户官宦人家。陕南当地民风淳朴，百姓生活也相对安宁，在这样的环境中成长起来的沈尹默逐渐形成了朴实敦厚的性格。

　　沈尹默五岁就进私塾念书了，但他正式学习书法，是在十二岁那年。教书法的先生是湖南人。当时湖南有位大书法家黄自元，他写的楷体字工整匀称，深受皇帝赞赏，甚至被赐予"字圣"的名号。沈尹默的先生特别崇拜黄自元，于是将这位书法家所临的《九成宫醴泉铭》作为习字范本，让学生们好好临摹。沈尹默听从先生的教导，对着字帖老老实实地写，练得非常认真。

沈尹默的父亲沈祖颐是当地的一名官员，平日虽忙于公务，但也重视对子女的教育。一天晚上，他回到家，发现儿子在屋里温习功课，便走近去看。只见沈尹默正握着毛笔在仿写纸上练习大楷。大楷，顾名思义就是比较大的楷体字，差不多有七厘米见方大。"初学先大书，不得从小"，这是前人总结的经验。初学书法时先练大字，这样有助于熟悉执笔、用笔，练好基本的点画功力。

沈祖颐本就爱好书法，这时难得有空，便也兴致勃勃地提起笔，在纸上写了几个字。细心的沈尹默发现，父亲的字与黄自元的风格不大相同，却也很好看，甚至比范本上的字更有神采。他满脸疑惑地问父亲，为什么不照着字帖来写呢？沈祖颐只是简单地告诉他，不必全然照着字帖上的字来写。

父亲的话让少年沈尹默陷入了沉思……看来，先生提供的范本，并不是习字的唯一标准。学习书法，还可以选择自己喜欢的字帖去临摹。从此，沈尹默在学书法这件事情上更加积极主动了。他找出家里收藏的碑帖，一本接一本地翻读，又来回比对，在这个过程中，他了解了不同字体的风格和特点。

沈尹默还调整了自己学书法的内容，除了临摹黄自元的字，他课后也会抽空临写其他字体。广东书法家叶梦草汇刻的《耕霞溪馆帖》是他特别喜欢的一部书帖，里面汇集了多个朝代著名书法家的书迹，他觉得很适合作为自己的书法入门教材。

正所谓"兴趣是最好的老师"，随着观念的转变和自主性的增强，沈尹默写书法的兴趣也愈发浓厚。这份兴趣，也使他在书法之路上越走越远。

两项挑战

当然，学书法之路并不是一帆风顺的。三年后，父亲交给沈尹默两个颇有难度的书写任务。

沈尹默的祖父生前在寺壁上题过一首赏桂花的长诗，父亲让沈尹默将那首长诗用鱼油纸钩摹下来，这就相当于今天我们用轻薄透明的磨砂纸蒙在字帖上进行描摹。不过，沈尹默面临的挑战可要难多了。因为祖父的长诗题在寺壁上较高的位置，要完成这项任务，首先得爬上长梯。你们想，平时我们都是把纸铺在桌上写字，现在沈尹默却得面对墙壁站着写，书写角度有所改变，自然是不习惯的。何况还要站在梯子上，这就更是难上加难了。但沈尹默没有退缩，他前往目的地，尽力去钩摹祖父的遗墨。历经千辛万苦，终于成功完成了这一任务。

另一个任务则是父亲要求他在三十把骨扇的扇面上完成书法作品。你们见过骨扇吗？骨扇也叫折扇，是用竹、木或象牙等做骨架，再贴上纸或绢以作扇面。古代的书画家在扇面上绘画写字，这样的扇子不仅有扇风的实用功能，更有艺术价值，可用于欣赏和收藏，是文人交往时常见的一种艺术品。

读到这儿，你可能要问了，在扇面上写字又有什么难的呢？前面我们讲到，骨扇是有骨架的，这就导致扇面出现折纹，凹凸不平，不像一般的纸那样平整。此时若想把字写好，自然十分考验书写者的功力。另一个难点在于，扇面的形状并非四四方方的，而是上宽下窄，有一定的弧度，所以书写之前必须安排好字的大小和布局，这样才能让作品呈现出和谐之美。这一回，沈尹默再次以认真端正的态度，一丝不苟地完成了三十份书法作品。

这两件事颇得父亲的赞许，也增添了沈尹默学好书法的信心。

药石之言

经历过这些磨炼，沈尹默觉知到自己执笔不够稳，还得继续练习。然而老师的指导有限，要想真正写出成就来，还得靠自己摸索。后来，他也主要靠自学在书法之路上日益进步，书法也成了他的一生之好。除了书法，他也十分喜爱品读诗歌雅文。有一次，他因身体不适，没能背好先生布置的作业，急得都病倒了。在家休养期间，他诵读了不少唐诗宋词，还迷上了经典名著《红楼梦》。优质的阅读培养了他在诗词方面的品位与创造力，此后他经常以近体诗的形式写景记事，抒发情感。成年以后，沈尹默结识了不少文人雅士，他们经常聚在一起吟诗作对，交流学书法心得。

1909年的冬天，好友刘三邀请沈尹默和他哥哥沈士远小酌。晚上，沈尹默提前回到自己的住处，他有感而发，挥笔写了一首五言诗。第二天，他把诗送到刘三那儿，请刘三指教。谁知，又过了一天，一位自称是刘三同事的男子来到沈尹默的寓所拜访，一进门，那位男子就大声说："我叫陈仲甫，昨天在刘三家看到你写的诗，诗很好，字则其俗入骨。"

陈仲甫可真是个直率的人啊！见字如面，一方面他确实很欣赏沈尹默写诗的才华，另一方面他又从自己的审美标准出发，认为沈尹默的字习气太重，缺少生命力，于是直言不讳地指了出来。

"其俗入骨"？要是换作他人，听到如此刺耳的评价，十有八九是要恼羞成怒的。此时的沈尹默又有何反应呢？他当即面红耳赤，心里很不是滋味，可难受之余，这位善于反思的年轻人转念自问：对方说的难道真的毫无道理吗？字体之"俗"从何而来，又该如何去改变呢？

沈尹默回顾过去，自己初学书法时临摹的是黄自元规规矩矩的楷体，字体大抵也由此定下了基本的调性。加上几年前，父亲的朋友仇继恒对他的书法也产生了很大的影响。由于欣赏仇先生的字，他便跟着模仿。仇先生所写的字体属于明清时期科举考试所推崇的"馆阁体"，其特点是方正、光洁，但成为通用字体后不免趋向刻板，缺乏个性。而书法修养深厚的人，不但能在书法艺术中体现共性、规范，更能突出各自独特的个性与气韵。

沈尹默将陈仲甫的负面评价视为一剂苦口的良药，自此，他下定决心，要让自己的字脱胎换骨！他找来了清代的一本书法理论著作——包世臣的《艺舟双楫》，这本书共有六卷，前四卷评论诗文，后两卷专门谈论书法学习的经验方法。经过研读，沈尹默意识到自己以前对悬腕不够重视，导致字写得拖沓，于是确定了改变的起点：去俗，要从握笔做起！

知易行难。用了二十几年的握笔姿势，能改得过来吗？为了练好悬腕，沈尹默习字时在自己的手腕背上放了一面小镜子，只要小镜子不掉落，就说明手腕与桌面保持平行，执笔规范。同事钱玄同见到此番有趣的情景，就在一旁笑他。但沈尹默不在意别人的眼光，坚持用这个"笨方法"练字，逼着自己去适应新的握笔姿势。

沈尹默使用纸张的方式也很特别。为了保证足够的练习量，他用自己身上仅有的钱买了一大卷价格低廉、质量比毛边纸还差的纸张回家，每天取百余张，选择刚劲的碑体进行临习。先用毛笔蘸着淡墨写，一纸练一字——据说，一个字有西瓜那么大！每写完一张，他就把纸放在地上，等字干透后再用浓墨来写，一面写四个字，最后再翻个面任意发挥。就这样不间断地练习了两三年，他才觉得自己能悬腕写字了。

因为从小患有眼疾，沈尹默总是戴着一副厚厚的眼镜，有时几乎看不清眼前的事物，写字时需要有人站在一旁告诉他下笔的位置，尽管如此，他没有一天停下过手中的笔。

在人生的各个阶段，他不断师法古人，遍临碑帖，取其精华，用自己的行动传承中华民族优秀的传统文化。凭着七十多年的毅力和热情，沈尹默从一个书法爱好者蜕变为一名著名书法家。民国初年，有"南沈北于"之说，指的就是沈尹默和于右任两位书法大家，二人的书法堪称二十世纪中国书坛的双峰。

言传身教

其实，书法并非沈尹默人生的全部，他在教育领域所作的贡献也是不容忽视的。早年，他先后在多所学堂当教员，后来又走上大学讲台。他创办了北京孔德学校，也担任过国立北平大学校长。热衷教育事业的他，每到一个岗位，无不尽职尽责，努力将自己的教学思想落到实处。

沈尹默何以会走向三尺讲台呢？二十一岁那年，也就是他婚后第二年，沈尹默的父亲因过度劳累而不幸早逝。全家人怀着悲痛的心情，从汉阴移居西安，后来又回到了他们的故乡——浙江。家中上有老、下有小，他急需一份稳定的工作养家糊口。当时国内正陆续创办各类新式学堂，沈尹默跟随哥哥的步伐，也成了一名教员。他与陈仲甫相识的故事，就发生于在杭州任教的那段时期。又过了两三年，因一次偶然的机会，经朋友推荐，他有幸在北京大学任教，成为一名年轻的教师，结识了朱希祖、鲁迅等人，与他们常有往来。

初入北京大学，学校正处于革新状态，新规的推出引起了学生的极大不满，学生经常罢课、上街游行，教学秩序一度很不稳定。在那样的情况下，沈尹默并没有对工作敷衍了事，反而特别珍惜学校给自己安排的岗位。不论是备课还是上课，他都认真对待，花了不少工夫。课上，他一改平时寡言少语、稍显内向的状态，不仅滔滔不绝地讲授古典文化知识，表达自己独到的见解，还给学生列出了他认为最有参考价值的书目，学生因此对他很是敬佩。

除了上课教学，他在学校建设方面也很有自己的见地。新校长蔡元培上任后，沈尹默便建言献策，推荐人才，意见被一一采纳。经过改革，北京大学以往的颓废气息逐渐散去，校园显现出一派新气象。

1917年，本着"昌明书法，陶养性情"的初心，北京大学十余名学生发起成立了北京大学书法研究社。沈尹默与藏书家刘三、书法篆刻家马衡被聘为该社团的导师，负责讲演书法知识，传授基本技法。

为了让指导更有针对性，社团开展了师生座谈会，社员提出习书过程中遇到的困惑，导师当场解答。这样的方式引起了很好的反响，也吸引了越来越多的书法爱好者。短短三四个月里，书法研究社从成立之初的十几人增至一百多人！可惜由于场地和导师有限，社团不得不停止招新。

作为书法导师，沈尹默不但定期观看、点评社员的习作，还想办法提高社员的艺术欣赏水平，如参观紫禁城陈列所，又创造机会让社员积极参加社会活动，如以万国禁烟会为契机，组织社员书写宣传语，在真实情景中培养他们的创作能力。

书法普及

孩子们，今天我们普遍认为，学习书法是一件再平常不过的事了。但在新旧社会更迭、新旧思想碰撞的年代，书法的价值并没有得到广泛的认可，这门艺术差点就被丢弃在历史的长河中。

1943年，中国正处于全面抗战时期，身处重庆的沈尹默联合多位书法家，创办了中国第一个全国性的书法组织——中国书学会，肩负起挽救书法艺术的使命。沈尹默和其他会员用心编写书法教材，研究书法教学方式，并筹备举办全国学生书法比赛。同年，他们还办起了杂志，名曰《书学》，该杂志以"阐扬中国书学，推动书学教育"为宗旨，化解了当时"钢笔书写"对书法的冲击。后来，印发期刊的经费不足，沈尹默和亲朋好友通过多次办展筹款，才让书学会得以正常运行，出版更多的期刊与图书，对社会大众产生了持续的影响。

二十世纪五十年代，为了普及书法艺术，让大众真切地感受到书法与日常生活之贴近，沈尹默撰写了《学书丛话》《和青年朋友谈书法》等十几篇文章，用通俗易懂的语言分享了自己的学书经历和体会，细致地介绍了执笔、写字等方法。在文章中，沈尹默旁征博引，常常借助一些形象的比喻，让读者乐于接受他的观点和理论。提及执笔的重要性，他写道："写字必须先学会执笔，好比吃饭必须先学会拿筷子一样，如果筷子拿得不得法，就会发生夹菜不方便的现象。"

普及书法，就是要让更多的人去亲近书法。沈尹默并不是希望人人都成为书家，但书法的使用场景是那么广泛，写报告、做招牌、考试、写宣传语，等等，漂亮的字会令人心情畅快，也更容易让人接受写字之人的观点想法。孩子们，你们想一想，是不是很有道理？

俗话说，一个人走得足够快，一群人才能走得更远。沈尹默深知，光靠一个人的努力和成就是难以振兴书法事业的。中华人民共和国成立后，他希望通过书法组织团结广大书法家，为社会主义文化的繁荣做更多实事。终于，1961年，上海书法篆刻研究会应运而生。

有了组织，沈尹默身体力行，七十九岁高龄的他还经常和会员一同到少年宫、学校、工厂等基层单位举办讲座，指导孩子们写毛笔字，向老师们讲授书法知识。他曾说，书法是传播思想的东西，以好的书法来传播今天好的思想、好的见解，岂不更好！

除了举办讲座和展览，研究会还为业余书法爱好者开设了培训课程。据当年的媒体报道，仅一年的时间，参加培训班的学员就有一千三百多人。其中，有少年儿童，也有来自各行各业的成年人。在上海少年宫和多个学校开展的讲座，听众更是高达一万一千多人。看到大家学习书法的热情空前高涨，沈尹默深感欣慰与兴奋。

几十年如一日，沈尹默用他的勤奋和思考、传承与创新，书写着自己的艺术人生。

气韵生动成一派，书画兼擅美名扬

——吴湖帆

吴湖帆（1894—1968）

中国书画家、鉴赏家。名翼燕，字遹骏，更名万，字东庄，又名倩，号倩庵，别署醜簃，书画作品则署湖帆，江苏苏州人。中华人民共和国成立后，曾任上海中国画院画师、中国美术家协会上海分会副主席。山水从"四王"、董其昌入手，踪及宋元诸大家，博采众长，熔铸新貌，画风缜丽丰腴，清隽明润，青绿设色尤为卓绝。写竹潇洒劲美，得赵孟頫、王绂韵致。画没骨荷花，绰约婀娜，创有一格。书法精行楷，气势俊发。亦精鉴别。善词，有《佞宋词痕》。

孩子们，提到江南你们会想到什么？是有着"人间天堂"之称的苏杭，还是让人馋得口水直流的东坡肉？江南风光秀丽，人文气息浓厚，流传着许多文人雅事。今天我们要讲的这位伟大的书画家——吴湖帆，他就出生于江南。

幸福童年，种下艺术种子

吴湖帆出生于江南的名门世家，自小受到良好的文化艺术熏陶。"吴"为江南大姓，吴湖帆家族就是其中一支。祖父吴大澂，官至湖南巡抚，曾在吉林与沙俄就勘界问题据理力争。他身上有很多闪光的标签：文臣、武将、考古学家、书法家、收藏家……外祖父沈树镛是近代江南著名收藏家、学者，民间有"沈家收藏金石之富，甲于江南"这样的传言。吴湖帆的母亲沈静研便在这样的书香门第长大，长期的耳濡目染使她积累了颇高的艺术修养。她爱读书，熟读诸子百家作品，精通琴棋书画。人们常说，父母是孩子最好的老师。母亲丰厚的文学艺术修养很好地启蒙了少年吴湖帆，在他心里悄悄种下了艺术的种子。

吴湖帆从小便聪颖可爱，深得祖父喜爱。八岁时，他和二姐一起拍了一张照片，便突发奇想，提笔在照片后写了一行小字："二姐十岁我八岁。"后来这张照片被祖父吴大澂看到，惊叹于少年吴湖帆的聪颖天资，便常常刻意留心提点、指导这个孙儿，即使在因病卧床期间，他每天仍然会专门给吴湖帆讲述家中所藏文物的名目和来龙去脉，隔几天还会考考他记住没有。吴湖帆聪明又好学，常常对答如流，这让祖父愈加疼爱他。那时，吴大澂已经解职回到姑苏故里，结束了朝堂上的光鲜生活，却也因此享受到儿女承欢膝下的快乐。他保留了江南名士的风雅之趣，时常邀约名士、学者来府上聚会品茗，赏书画名品，畅聊天下大事。吴湖帆长期浸染在这样雅致的文士氛围中，不知不觉中也提升了审美和品位，培养了高雅的人文修养。相对于那个时代的大多数人而言，吴湖帆的童年是幸福的，物质上衣食无忧，精神上也饱受美的濡染。

若论起吴湖帆在绘画方面的启蒙老师，除了前面提到的母亲沈静研，陆恢自然也算一个。陆恢是清末民初的著名画家，擅画山水、人物、花鸟，也是吴大澂府上雅集聚会的常客。吴湖帆虽然没有正式拜师，但陆恢对待艺术的态度，尤其是愿意花时间钻研的精神对他影响颇深，也为他今后从事艺术创作镀上了良好的精神底色。

吴湖帆对寻常孩童喜欢玩的种种游戏都不太感兴趣，闲暇时常常观察、临摹家中悬挂在墙上的字画，或跟着陆恢学习画画，乐此不疲。

通识教育，拓宽艺术边界

　　正如印度诗人、思想家泰戈尔所说：好的教育能让人有四个获得——获得知识、获得尊严、获得忠诚、获得力量。吴湖帆是幸运的，他天资聪颖，家境殷实，从小便在心中种下了艺术的种子，在美的濡染中快乐成长。八岁那年，祖父病故，留下遗嘱"善视万儿"。十二岁时，经祖父的故人介绍，吴湖帆于上海的一所新式学堂——中国公学短暂求过学。第二年，中国公学因故迁址，吴湖帆被迫辍学。十三岁时，他又东渡日本，接受西洋式教育。有一次，他观赏了富士山日出的美景，那种与江南水乡截然不同的壮美给他的心灵带来了巨大的冲击。此外，留学生涯里不同文化的碰撞也开阔了他的视野，更坚定了他从事艺术创作的决心。

　　在风景优美的苏州玉带河畔，有一所颇具特色的新式学校——草桥中学。学校正式创办于

1907年，初创时校名为公立苏州第一中学堂。因校门口有桥一座，桥名为"草桥"，当时师生、民众皆称学校为"草桥中学"，现仍是苏州的名校标杆。从日本回来后，吴湖帆便进入草桥中学学习。这所学校的课程设置与别的学校不同，分正课与附课两类。正课相当于必修课；附课相当于选修课，内容广泛，有体育课、丝竹音乐课、摄影课、日语课等，甚至还有军事国民教育，有点像西点军校的课程。附课对于培养学生的创新、审美鉴赏和实践能力大有裨益。相比于传统的私塾教育，草桥中学可谓让人耳目一新，就像西方的通识博雅教育一样，广泛的涉猎拓宽了学生的视野，提升了他们的思维能力。这对吴湖帆日后从事艺术创作无疑是有益的。

　　吴湖帆在草桥中学度过了充实又快乐的求学生涯。其间，他广交朋友，学会了从不同的角度来看待问题。吟诗作画、秉烛夜读、时政辩论、书画雅集，甚至马背驰骋、出操冲锋……不亦快哉！草桥中学聚集了一批思想卓绝、教学风格独特的教师，这些知识渊博、有风骨的知识分子以其精神引领、培养了众多优秀的人才，其中就有大文学家叶圣陶。叶圣陶发起成立了校园文学社团"放社"，吴湖帆就是其中的骨干。他的绘画天分在办报过程中派上了用场。从进入草桥中学的第一年起，吴湖帆就开始了山水画的临习，并从未中断。在众多名师的引领下，吴湖帆的艺术创作之路越来越明晰。其中，有两位老师对他的影响特别大：胡石予和罗树敏。胡石予老师善画墨梅，罗树敏教授国画，这些画坛大师的精心教导夯实了吴湖帆的技法基础。再加上自己的勤奋好学、刻苦努力，吴湖帆的绘画技艺得到了极大的提高。

锐意创新，丰厚艺术底蕴

作为画家，吴湖帆有自己独特的创作风格。他工于山水画，不重用色而重在取其气韵，简约中不乏丰富，清俊雅韵，独树一帜。

人们都说，最好的教育便是言传身教。或许是长期的耳濡目染，吴湖帆继承并发展了祖父、外祖父在书画鉴定、创作方面的专长。家族的丰厚藏品更是少年吴湖帆学习、研究绘画技法的范本。他曾反复临摹祖父留下来的古画，只要有一点不同的感悟，他就会再临摹一遍。虽然临摹在当时并不被看好，但他深信传统需要先传承才能创新，只有大量地临摹研习，融合各家所长，兼容并蓄，最终才能在创作上厚积薄发。

孩子们，提到"青绿山水"，你们会想到什么？2022年，舞蹈诗剧《只此青绿》登上央视春节联欢晚会的舞台，获得如潮好评。这部舞蹈诗剧的创作灵感来源于宋代画家王希孟创作的《千里江山图》，以视听融合的方式，让观众身临其境地感受青绿山水的动态化、意象化。

提起中国山水画，很多人的第一反应便是水墨山水画。水墨山水与王希孟笔下的青绿山水同属中国山水画系，因赋彩、笔法、画法的不同，后来发展成两座联系甚密却又遥遥相望的艺术高峰。青绿山水是以矿物质石青、石绿作为主色的山水画，又分为"大青绿"和"小青绿"。

吴湖帆自我变革的突破口即为青绿山水。他深入研究吴门画派和松江画派，反思了南北宗的理论。所谓南北宗，指的是中国书画史上一种理论学说，由明代画家董其昌所创，以"青绿"和"水墨"两种风格区分中国山水画，深刻影响了画家的创作活动，甚至波及了书法、诗词等相关艺术门类的理论建构。吴湖帆常年出入各类古玩店，求购名人字画，耳濡目染之下，渐渐坚定了"重振青绿山水"的信念。

"万水千山揉捻碎，化为笔下青绿。"然而在青绿山水的敷彩上，吴湖帆始终不得要领。有一次，在故宫藏品远赴伦敦展出前的上海预展期间，一幅赵伯驹的《江山秋色图》因年久失修而掉下了一块指甲盖般大小的碎片。吴湖帆无意间从碎片的边缘发现这一碎片的层次竟然有七层之多，瞬间豁然开朗。原来画纸上所见的"青绿山水"，藏着创作者不为人所知的一层又一层的精雕细琢，这深刻影响了他往后在山水画上的构色。大量的临摹、仿画，加上不间断的琢磨和积淀，使吴湖帆的绘画逐渐摆脱了"吴门""南北宗"等各家樊篱，他也由此得以将所学融会贯通，自成一派。他融水墨晕染与青绿设色为一体，色彩艳丽而不妖媚，形成了清新灵秀的独特画风。

中国的古诗文里常提到"花中四君子"，即梅、兰、竹、菊，借以寓意高尚的品德。因此，"四君子"也成了中国文人画中常见的题材。吴湖帆对"四君子"中的菊花却甚少描画。有些小朋友可能会问，吴湖帆为什么不喜欢画菊花呢？据说，是因为他不喜欢闻菊花的香味。吴湖帆画的荷花尤其出彩，他笔下的没骨荷花堪称一绝。事实上，他笔下栩栩如生的荷花得益于长期细致而深入的观察。好友孙邦瑞种了一院子稀有品种的荷花，每年夏天他都把最好的荷花品种送到吴湖帆家的书屋。这些送至书屋的荷花无疑为吴湖帆提供了绝佳的写生范本。画荷花时，吴湖帆习惯先勾勒一种颜色，再用水冲色，靠颜色晕染，呈现出一种绵软、灵动的质感，格外与众不同。他自创的荷花新格，被世人称为"吴装荷花"。

孩子们，你们可能想象不到，他还用这种手法画过原子弹爆炸时翻滚上升的烟云呢！据说，民国时期成长起来的才女画家江南蘋在画展上盯着这幅《庆祝我国原子弹爆炸成功》看了许久，感慨道："处处见笔墨，笔笔见功夫。能看到这样的画，真是可以瞑目了。"用传统手法来表现科技的进步，吴湖帆的首创与革新精神令人叹服。他在艺术上的大胆创新与清新脱俗的画风，对江南蘋后来的创作也产生了深远的影响。

博采众长，艺术全面开花

现在很多人只知吴湖帆是书画大家，却不知他亦精通诗律，深谙鉴赏之事。他曾言："平心而论，我之成就当以诗为第一，词次之，书法最下。"说到他对诗词书画、鉴赏篆刻等的热爱，便不得不提他的"梅景书屋"。

梅景书屋是他在上海嵩山路租的一栋三层楼的房子，名字源于他夫人潘静淑的藏品。要知道，梅景书屋可是当时江南地区鉴赏古书画的重要场所。这里不仅是绘画的阵地，更是交流艺术、开阔眼界的文化地标。

吴湖帆二十二岁时娶苏州望族潘祖年之女潘静淑为妻，"富潘"嫁给了"贵吴"，一时轰动江南。这不仅是一桩门当户对的婚姻，更是性情相投的才子佳人终成眷属的美谈。事实上，世家出生的潘静淑才学深厚，常有独特见解，在生活和艺术创作上都给了吴湖帆极大的帮助。这门婚事实在是天作之合，羡煞旁人。潘静淑三十岁时，潘祖年将宋代景定年间的刻本《梅花喜神谱》当作生日礼物送给女儿。吴湖帆由此将其寓所题为"梅景书屋"，从此名扬天下。梅景书屋藏品曾轰动一时，该书屋一度成为当时最大的举办文化沙龙的场所，吴湖帆也借此结交了很多收藏界、书画界、古玩界的大家，开阔了视野。

吴湖帆与潘静淑情谊甚笃，都喜欢填词、学词之雅事，有人将他们比作宋代金石学家赵明诚与著名的女词人李清照。早在草桥中学时，吴湖帆就已经尝试过作诗填词，意气风发。之后，吴湖帆将三十年间所写词作结集出版，命名为《佞宋词痕》。其中，亲情思念的内容占了很大的篇幅，尤其是夫人潘静淑去世后，吴湖帆写了很多词来悼念她，情真意切，多为佳品。尤其是那首《洞仙歌·静淑遗照》，感人肺腑："愿天上神仙似人间，再盟订他生，白头如愿。"

除了绘画、填词，吴湖帆还深谙书法、篆刻、收藏与鉴赏之事。他在鉴定界甚至有"一只眼"的美誉。前文我们讲过，吴湖帆幼年曾蒙祖父吴大澂亲自教导，又受府上往来文人墨客的影响，心底研习古代金石书画的兴趣由此被唤醒了。少年时他曾学习篆书，临摹过青铜铭文，后来又学习汉魏碑帖。

作为典型的文人画家，吴湖帆受董其昌的影

响颇深。董其昌提倡研习艺术应有全面的修养，并且要坚守中国传统的高贵典雅的民族文化精神和文人画的美学思想。在对董其昌作品的长期研习中，吴湖帆不仅掌握了文人画"象外传神"的奥秘，更明白了书法与中国画的关系。在研习书法时，吴湖帆同样倾注了大量时间与心力。他的外甥在苏州故里整理旧物时，曾发现一个杂物间中竟然有半个房间之多的稿纸，打开一看，竟然是吴湖帆早年间临习董其昌作品的墨迹。这种对艺术的坚持，实在让人动容。

正如那句古话所云，"诗中有画，画中有诗"，他因研习书法而投入对绘画的研究，从而使得书画相通。正是由于他的坚持钻研，他的书法亦是一绝，多见于题词、书稿、扇面、楹联等。

传承技艺，生生不息

前文说过，梅景书屋不仅是绘画的阵地，更是交流艺术、开阔眼界的文化地标。除此之外，它还是吴湖帆传授技艺的美术学校。吴湖帆以其精深的技艺、独特的思想蜚声画坛，自然引来了众多膜拜者。他的教学方法很特别，他反对蜻蜓点水式的艺术教育，转而以"精"作为标准，以"悟"作为依托。他认为，无论是学画，还是做理论研究，只要做到以上两点，就可以达到一定的高度。

那些有心学画的年轻人慕名而来，第一次见到这位"一代宗师"时，惊异地发现他竟是如此平易近人，没有一点架子，这在当时讲究礼法的社会简直是无法想象的。梅景书屋开明的风气更是给这个高雅的艺术场所增添许多光芒，说它是艺术的桃源胜地也毫不为过。

吴湖帆特别强调因材施教，他认为对待不同

层次的学生应该采用不同的教学方法。或许正是因为他精深的艺术修养和常年研习艺术所形成的开阔视野，他得以站在一个更高的位置去引领和影响年轻人。他往往能很精准地指出学生某一方面的不足，恰到好处地提供一些名画佳作供他们借鉴，引而不发，让他们在不知不觉的临摹中得到启发与觉悟，这样有的放矢的指导无疑比"填鸭式"的课堂更有效果。

在一个人的成长过程中，楷模持续的鼓励是很重要的，但这种影响有时是把双刃剑，光芒太亮的话，也极有可能让追随者亦步亦趋，找不到自己的方向。他常说："临我，至多像而已。每个人要发挥特长，才可站住脚。"对于那些认真研习自己画作的学生，他认为这既是好事，也可能适得其反。每个人只有找到适合自己的道路，并坚持不懈地走下去，才能有所成就。在他独特的教育方式和悉心的指导下，梅景书屋成才者众，有的以山水画见长，有的精于鉴赏，有的工于人物画，在各领域皆有突出的代表人物。

除了传授技艺，吴湖帆更看重对学生的学养和人品的培养。他认为，一个人如果艺术水平很高，但是学养单薄，人品低下，也是不能被称为艺术家的。他以身作则，让学生看到了何为"大家风骨"。当学生有困难时，他会毫不犹豫地出手相助，也时常将自己的收藏和真迹作为奖励送给学生，这种率真的处事风格和"达则兼济天下"的慷慨深深影响着他的朋友和学生。

纵观吴湖帆的一生，他之所以能成为一代大家，除了得益于家学深厚，在书香的氤氲、艺术的熏陶中长大，还在于他视野开阔、勤于思考、博采众长，在师法前人的基础上敢于突破、大胆创新。吴湖帆认为画家的"神"，即个人的思想、意识等，是"人生之魂灵"，他将画家的禀赋、修养和精神通过构图、色彩、线条等表现出来，从而实现了中国画的"形神合一"，体现出画之"神韵"。艺术的生命力，便由此生生不息，绵延不已。

山川壮游炼笔墨，半生为癖成三绝

——林散之

林散之（1898—1989）

中国书画家。名以霖，以字行，笔名散耳、左耳、林霖、聋叟、江上老人、半残老人，祖籍安徽和县，生于江苏江浦（今南京市浦口区）。30岁后入黄宾虹门。中华人民共和国成立后，历任中国书法家协会名誉理事、江苏分会名誉主席，江苏省国画院画师，南京书画院院长。擅山水，清醇萧散，意境淡远。精书法，尤擅行草，潇洒冲和，风骨劲健，被称为"当代草圣"。善用墨，于天趣中别具逸格。代表作有草书条幅《东方欲晓》，绘有《乌江聋叟》，著有《林散之诗书画选集》《林散之书法选集》《江上诗存》等。

在江苏省和安徽省的接壤处，有一个古镇，名为乌江。公元前202年，楚汉相争，西楚霸王项羽兵败后便自刎于此。凄楚动人的历史故事增添了浓厚的文化气息，古镇乌江也由此闻名天下。在乌江镇东南约一公里的凤凰山上，有一霸王祠（项王亭），为纪念西楚霸王而建。霸王祠重修时，林散之为之写了一副楹联：

犹听叱咤之声，外黄未坑，能存孺念，壮哉心鄙秦皇帝；

忍看风云变色，虞姬自刎，专报主恩，战败头抛吕马童。

上联斥责秦始皇焚书坑儒，赞扬项羽起兵反秦，下联赞扬虞姬和项羽的宁死不屈。如今前殿门边依旧可见这副楹联，可见一代英豪项羽对江东子弟的深远影响。

好学又淘气的少年郎

　　林散之出生在乌江镇江家坂村。他的前半生，也是以乌江为原点开始求学之路的。据说他出生的时候，因为在族胞兄弟中排行第五，乳名便叫"小五子"。林散之三岁时患了中耳炎，导致左耳略微失聪，因此又被称作"五呆"。当然，林散之既不痴也不呆，这更像是长辈颇显亲昵的一种爱称。

　　林散之出生在江家坂的林家大宅里，伯父林成兴有勇有谋，连年征战，立下赫赫战功，被清政府封为建威将军。林家也由此迎来了新的际遇，家业蒸蒸日上。林散之的父亲林成璋在兄弟中排行第三，虽然不像大哥林成兴那样智勇双全，但也有读书的机会，是个名副其实的读书人。母亲也是隔壁县城书香门第的女儿，温文尔雅，谈吐优雅。像清代许多官宦人家一样，从马背起家，又以诗书传家，林散之就在这样底蕴丰厚、生活富庶的大家庭里长大了。

六岁时，林散之进入设于林氏祠堂的私塾读书。在启蒙老师林昌志的教授下，系统学完了《百家姓》《千字文》《大学》《中庸》《古文观止》《诗经》等传统蒙学读物，无论风霜雨雪，他每日坚持读背，从未间断，一学就是七年。写书法也是每天的必修课，他勤于描红、临帖，字体日渐端正、秀美。在这些启蒙读物中，林散之最感兴趣的是盛唐的诗文，每当老师讲到唐诗时，他都不由自主地被唐诗的音韵和节奏吸引，跟着摇头晃脑地读背起来。后来，当老师讲到"四声法"和"对对子"时，他也开始尝试自己创作，一颗诗意的种子就这样萌发了。

在十四岁那年，他又被接去外祖母家继续学习经史子集。七年的私塾生活和外祖母家的国学熏陶，为林散之的诗文和书画创作奠定了良好的基础。

林散之从小便喜欢画画，常常偷偷用父亲的毛笔在纸上涂鸦，看到什么便画什么，小猫啊，

小狗啊，小鸟啊，他都喜欢画。再大些，他开始
用一种半透明的竹纸蒙在父亲读的一些小说上，
描摹人物、山水等。

与现在相比，私塾严苛的读背式的教育方式
无疑是刻板的，有时甚至与儿童爱玩的天性背道
而驰。有一次，林散之没能将一篇古文背熟，林
昌志先生便恨铁不成钢地打了他的手掌心。众目
睽睽之下被训诫，林散之觉得很没面子，颇有点
不服气的样子。他嘴上虽然没跟老师顶撞，心里
却打起了鬼主意。

每天上课前，林先生都会在学馆习惯性地翻
阅《辞源》，认真地备课。要知道，《辞源》是
中国近代第一部大规模的语文词书，以词语的形
式收录了大量古代典籍中的传统文化知识，是阅
读古代传世文献的工具书。这一天，他像往常一
样打开《辞源》。突然，一个五寸长、头部红、
身子绿并且有很多脚的"怪物"横卧在书里，他
定睛一看，竟然是一只蜈蚣，还是有毒的那种！
林先生顿时吓得面如土色，脱下鞋就开始用力驱

赶，嘴里还大喊着："快走！快走！"有好事又大胆的学生过来一看，笑着说："先生，这是一只画在纸上的假蜈蚣，哈哈哈！"学生们不禁哄堂大笑起来。林先生知道这大概是林散之的恶作剧，脸上虽然有些挂不住，也不好再说什么。不过，此后他的教育方式也温和了不少，轻易不再打学生手板子了。

小时候的林散之干过的淘气事可不止这一桩。

十一岁那年，父亲林成璋带他去亲戚家参加婚宴。当他看到亲戚家那面被粉刷得雪白的墙时，忍不住想在上面画点什么。于是，夜深人静时，他趁父亲睡熟后，偷偷从被窝里爬出来，找来一把大刷子，站在一张大桌子上，准备大"干"一场。可究竟画点什么才能显得与众不同呢？突然，他灵光一闪，有了！父亲有一个至交好友叫曾梓亭，他略通文墨，经常骑着一头黑驴到他家来。那头驴浑身漆黑，就像涂了黑得发亮的漆一样，非常惹人喜爱。就画它！林散之非常认真地画起来，先勾勒再细描，别说，还真画得有模有样。画完之后，林散之志得意满地去睡觉了，完全不知道这幅"不伦不类"的画给亲戚带来了多大的困扰，毕竟是喜庆的日子呀，画一头驴成何体统？好在，父亲的好友曾梓亭为他解了围，亲戚看在他画得还算逼真的情况下，也没有再为难他了。

林散之也没有想到，因为当时的一次恶作剧，曾梓亭看到了他的绘画才能，两年后还把他介绍到南京友人那里专门学习绘画。当然，这又是后话了。

半生为癖诗、书、画

人生的风雨说来就来。少年林散之本以为可以一直沉浸在童年的欢愉中，不料十四岁那年，父亲林成璋因病逝世。头顶的大树突然倒塌，林散之觉得像是天塌了。想起父亲对他的宠爱，想起父亲亲昵地叫他"小五子"，想起父亲临终前对家人的嘱托："你们只有这么一个弟弟，一定要尽力帮助他成人。"父亲那充满期待的目光如炬如电，让他更坚定地在心里埋下了一颗求知的种子。他收起了顽劣，比之前更刻苦地学习，经常在油灯下学习到深夜。

父亲离世后，林散之的生活陷入了窘迫。林氏虽是大户，但此时也开始家道中落，更何况在大家族里时常还要受气，日子逐渐艰难起来。这些情景都被父亲的好友曾梓亭看在眼里，他一直在想如何帮助这个风雨飘摇的家庭。突然，他想起了林散之在那面洁白的墙壁上画的那头驴，便向林母建议，让林散之去南京朋友张青甫的画店学手艺。林散之有一定的绘画天赋，又写得一手好字，很得张青甫喜欢，于是他毫无保留地将全部绘画技法传授给了这个小徒弟。

在南京学艺的这段经历磨炼了林散之的意志，也为他打开了一扇通往艺术殿堂的大门。学艺返乡后，他又陆续得到了乌江镇上两位高人的点拨。在故事的开头我们便讲过，乌江有着浓厚的文化气息，德才兼备的能人志士自然不在少数，范柳堂和范培开就是其中的翘楚。他们一个工诗文、善绘画，一个长于书法，都非常赏识林散之的才华，并提出了许多宝贵的建议，如"多闻、多读、多思、多做""艰难困苦，玉汝于成"等，这些金玉良言对林散之开阔视野、夯实基本功起到了很好的鞭策作用。

在中国近现代书画史上，林散之是少有的诗、书、画造诣皆深的大家，尤以书法见长，有"草圣"的雅称。古语有云：书画同源。作为书法家，他在写诗、绘画方面也极有天赋，诗情画意的结合更好地提升了书法的表现力。他曾写自己"半生为癖诗、书、画"，还自号为"三痴"，这个"痴"并不是指人痴呆，而是"痴迷其中"的意思，这也说明他坚定了毕生在诗、书、画方面深耕的人生航向。林散之喜欢吟诗，随时随地可吟，有时半夜突然诗兴大发，他也要马上从床上爬起来，吟诗一首，这些诗又被他称作"夜半诗"。可见，所谓"癖好"多是极度的热爱，一个人如果能找到毕生热爱并坚持下去，也是一件幸福的事。

林散之是幸运的，求学路上得到了众多名师、高人的指点，得以拥有开阔的视野。在一众名师中，他感念最深的有两人，一个是恩师张栗庵，另一个是当代国画大师黄宾虹。

张栗庵是进士，满腹诗书自然不在话下，更可贵的是，他家中有一个藏书万册的书斋，相当于一座小型图书馆。他不仅熟读经史子集，更擅长书法、绘画。正所谓"授之以鱼不如授之以渔"，张栗庵无疑是一个高明的老师，他不仅教给林散之知识，还教给他做学问的方法，如"要知道门径，要有师承，要研究法度"，也就是说，要明白知识的来龙去脉，理论基础一定要扎实，不仅要有广度，更要有深度。这种严谨的治学思想深深影响着林散之。

林散之之所以称张栗庵是恩师，除了恩师在治学思想上对他的引领，还有两个重要的原因：一是张栗庵曾救过他一命，二是张栗庵把他推荐给了当代国画大师黄宾虹。张栗庵不仅博学，而且医术高明，经常治病救人。二十一岁时，林散之得了一场重病，因为庸医误诊，林散之高烧不退，就在医生准备放弃救治时，张栗庵及时赶到，几服汤药下去，林散之转危为安。

林散之跟着恩师张栗庵广读诗书，还学习书法、绘画，长达十余年之久。三十二岁时，经张栗庵推荐，林散之得到了去上海跟随国画大师黄宾虹学习的机会。在黄宾虹家里，林散之系统学习了用笔之法和名画鉴赏，更重要的是学会了"以自然为师"的理念。

壮游山川水部郎

中国古代文人多有"壮游"的传统。"江间波浪兼天涌，塞上风云接地阴""岩扉松径长寂寥，惟有幽人夜来去"……杜甫的豪放、孟浩然的闲适都在"壮游"途中倾泻而出。诗人纵情山水，南国的杏花春雨，边塞的长河落日，无一不寄托着他们的情思。

作为诗人、画家和书法家，林散之也继承了这样的文人传统。他心中一直有一个山水田园梦。他修建的江上草堂聚集了当时的文化名流，他们时常在那里吟诗、作画，江上草堂遂成了一个远近闻名的文人雅集之所，也是他与自然对话、涵养灵性的精神原乡。他时刻铭记老师黄宾虹的话："一个山水画家，一定要钻到山川最深处，要心中占有天地。"一番筹划后，他独自一人踏上了壮游之路。

他曾立于群山之巅，俯瞰云海氤氲，曾在千年古刹前感受历史的斗转星移，还曾在苍龙岭遇险，险些跌下悬崖。这一路最惊险的莫过于登上秦岭险峰太白山顶，"曾登太白"成为林散之壮游路上最得意的一笔。有一次，他正沉浸在峰顶壮美的落日中，谁料黑夜紧随落日而来，周围突然一片漆黑，他根本找不到下山的路。在快要掉下悬崖之际，扫山和尚的更声适时出现，及时救了他。

一路西行，壮游不止。林散之完成了八百多幅写生画稿，创作了两百多首诗，还有不计其数的书法练笔，其中的很大一部分后来都被收录在他的藏品里。畅游山川，以自然为师，与自然对话，当万卷书与万里路相遇，之前所有的理论积淀都被激发起来，重新焕发出生命力。胸中有丘壑，大概就是如此吧！

时代的一粒沙，落在个人身上都是一座山。军阀混战时期，林散之也经历了战争和人生的风雨，原定的南游计划被迫搁浅。敌人对乌江镇连续轰炸了好几天，无数房舍瞬间被夷为平地。看着身边人悲惨地死去，林散之和家人心惊胆战，不久便踏上了逃难之路。在最艰难的时候，他每到一处就搭一个简易的窝棚，天寒地冻，饥肠辘辘，一家人只能挤在一起取暖。

中华人民共和国成立后，林散之先后被推荐为江浦县（今南京市浦口区）人民政府水利委员会副主任、江浦县副县长，成为名副其实的"水部郎"。水患来时，他身先士卒，视察水情，一直守在江堤上，和群众共进退。他创作的长卷《江浦春修图》生动地再现了当时江浦县修筑江边大堤的情景。任公职期间，林散之融入了金陵和江苏的文化圈，结交了很多文人雅士，进一步开阔了视野。后来，他被调到江苏省国画院工作，成为一级美术师。在园长傅抱石的带领下，他和画师们组团"壮游"，也借此完成了自己早年未竟的南游心愿。

不同于多年前西游的壮阔、苍凉，南游之旅是诗意、柔情、浪漫的。寒山寺的钟声还在耳边回响；初春的杏花如雨飘落；那呢喃的燕子，低垂的烟柳，江南水乡仿佛到处都有有情人的影子。林散之痴迷其中，心灵最柔软的角落仿佛被唤醒了，一路写诗作画，美学修养更上一层楼。

在壮游之旅中，林散之领略到"师法自然"的真谛。他曾两次畅游黄山。第一次是受恩师黄宾虹来信的启发，溯江而上，领会了黄山的奇松、怪石、云海。二十多年后，在江苏省国画院任职期间，他带着子女再游黄山，这一次只觉神清气爽，特意赋诗一首："山中有清泉，可以当杯酒；林中有好鸟，可以做朋友；多情五老人，云外频招手。"师法自然，道法自然。黄山之旅涵养了精神，林散之将之称为"寻根之旅"。

林散之曾写过一首诗："我生殊自奋，伏案作书佣。墨水三千斛，青山一万重。途长怜病马，技末感雕虫。扶剑时吹快，风声振大聋。"这首《我生》可以说是他一生的真实写照。

二十世纪七十年代初，他的草书条幅《东方欲晓》一经发表即引起巨大轰动，成为他最具代表性的作品。前文我们讲过，童蒙时代在私塾读书时，林散之每天午后都要练习书法，十几年来从未间断。壮游祖国山川时，他也不忘就地练习书法、绘画。在江苏省国画院任职期间，他静心临写汉魏碑帖，并有意识地加入草书元素，这种沉郁顿挫的风格成就了一位独具特色的"草圣"。

可谁能想象，这幅沉郁顿挫的草书条幅是林

散之在手被烫伤之后写就的。晚年时，他去澡堂洗澡时不慎被热水烫伤。他强忍疼痛，尝试用三根手指练习写字，毫不气馁，以至于书画界评论他烫伤后写的字更苍劲有力了。

　　林散之的外孙女李不殊回忆，外公在扬州避难期间，最喜欢石塔寺前那棵银杏树了，那棵银杏虽曾遭雷击，却依然枝繁叶茂、生机盎然。这种承载岁月的沧桑感被林散之用画笔记录了下来，定格为他的一幅名画——《乌江聋叟》。遍体鳞伤却依旧生机勃发，一如"千磨万击还坚劲"的林散之，圣者也！

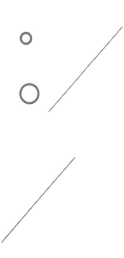

为民写真献苦茶，苦尽甘来颂和平

——蒋兆和

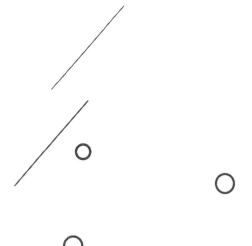

蒋兆和（1904—1986）

中国画家、美术教育家。本名万绥，湖北麻城人。早年流徙上海，以画肖像谋生。中年随徐悲鸿从事美术教育工作，历任上海美术专科学校、北平艺术专科学校、中央美术学院教授。擅画人物、肖像，以西洋素描结合传统中国画的笔墨，勾线擦面，画风朴质，造型写实逼真，尤长于表现现实生活题材，将中国水墨画带到了一个新的高度。代表作有《流民图》《与阿Q像》《杜甫》等，著有《国画人物写生的教学问题》《关于中国画的素描教学》等。有《蒋兆和画集》。

"我当竭诚来烹一碗苦茶，敬献于大众之前。"

这句话可以说是蒋兆和一生的真实写照。他从小家境贫寒，早年颠沛流离，为人画像、布景、打工，他在"生活的大学"里孜孜以求，作品无不传达出"为民写真"的初心。

艺术的启蒙

1904年5月9日，蒋兆和出生在四川泸州。原先，家人给他取名为"万绥"，寓意"永远平安"。可没承想，两年后的一场病差点夺去了这个小生命，家人们几近绝望，就在他们准备将其送进棺材时，小婴孩竟奇迹般地闻雷而醒！父亲和三伯父都认为这是个祥兆，当顺和天命，便为他改名为"兆和"。

蒋兆和小时候没有进过正式的学堂。蒋家本

是泸州城三大书香门第之一，后来家境逐渐败落了，父亲蒋茂江只能靠教书为生。小兆和就跟着富家子弟在父亲的私塾里一起读书识字，学"四书五经"。"四书"指的是《大学》《中庸》《论语》《孟子》，"五经"则是《诗经》《尚书》《礼记》《周易》《春秋》，向来是历代儒家学子研学之必读书目。这段求学经历也为他打下了扎实的传统文化基础。

在长辈眼中，小兆和的活泼调皮让人很是头疼，他爱跟邻家的小伙伴一起出去踢球、丢沙包，有时玩得太尽兴，就把学习抛在脑后了。望子成龙的蒋茂江着急了，他想，这样下去也不是办法，于是就请了一位叫余良弼的老师来管教儿子。余良弼可谓文武双全，他精于拳术，长于中医，懂诗词，工书画，且为人正直仁厚。把儿子交给这么一位品学兼优的老师教导，蒋茂江自然很放心。

就这样，八岁的蒋兆和每天天一亮就得起床，跟着余老师到室外的空地上习武术、练拳法，久而久之，身板子不像过去那般瘦弱了。蒋兆和在锻炼身体的同时也培养了自己的毅力，他逐渐沉下心来，比以往更刻苦地学习文化知识：每天早饭过后，他就到祖宗牌位前背诵唐诗宋词，再完成包括大字两篇、小楷三百字以上的书法练习。万事开头难，说到写字，跟大多数孩子一样，一开始，规范的坐姿和握笔要求让小兆和感到吃力，但他咬牙坚持了下来。渐渐地，他的笔画愈发稳健，写出来的字颇有生气。

平日里，蒋茂江喜欢挥毫泼墨，小兆和就在一旁当助手，把墨条磨成汁液，又帮着调整纸张的位置。大概是受父亲影响，蒋兆和很早就表现出对绘画的兴趣。八岁的时候，他便开始临摹《芥子园画谱》里面的作品。《芥子园画谱》可以说是中国画坛的传世经典之作，是绘画的入门读物。蒋兆和将习字运笔的功夫运用于绘画中，轻重缓急间，他感受到艺术的相通之处。余老师拿起蒋兆和的画纸仔细批改，为他指出画得不到位的地方，又像教拳法那样亲自示范，蒋兆和再照着模仿，日复一日，画技也取得了进步。

蒋兆和在童年时期打下了一定的文化和艺术基础，这不仅得益于父亲的启蒙和余老师的指导，还有赖于出生地泸州丰富的民间艺术，他也因此受到了不少美的熏陶。

泸州最热闹的时候，莫过于各大传统节日了。逢年过节，大街小巷都人山人海，民间高手云集。江边的土地庙前，喜迎新春的壮士赤膊光膀地表演耍火龙，小兆和站在围观人群中拍手称绝。不远处，伴着音乐鼓点变换脸谱的地方戏，也让台下的男女老少看得如痴如醉。到了中秋节，最有意思的要数绘有图案的月灯了。每次来到纸扎店，小兆和都要睁大他那双明亮的眼睛，看老师傅如何凭一双巧手扎月灯、捏泥人。老师傅在灯笼上画图案，无须打稿，提笔就能绘出嫦娥奔月、吴刚伐桂、玉兔捣药等故事场景。这让小兆和佩服极了！这不就是大人们常说的"画竹，必先得成竹于胸中"吗？他又忍不住想，自己什么时候也能拥有这样高超的本领呢？那时谁也没料到，将来有一天别人也会用同样崇敬的眼神观摩他作画。

以擦炭像谋生

快乐的时光总是过于短暂。蒋兆和十一二岁时，父亲的私塾倒闭了。失业的蒋茂江开始吸食鸦片。鸦片又俗称"大烟"，是一种带有刺激性的麻醉毒品。当时，许多家庭便毁于此物。不久，母亲因劝阻无果而自尽，父亲此后也因病卧床不起。到了如此境况，作为长子的蒋兆和不得不振作起来，挑起养家糊口的重担。

"只要有一技之长，就不怕没饭吃。"父亲常常这么跟他说。可是，才十三岁的他靠什么养活家人呢？卖字画吗？没有资历和名望，谁会平白无故买下一个普通少年的书画作品呢？去当兵吗？他的年纪还达不到军事院校录取的标准。他四处打听谋生的门径，了解到为人画像可以卖钱。

当时，照相还属于奢侈的事情。民间有一门手艺活，叫"炭精画"，也叫"炭画""炭像"。那是用炭精粉擦出来的画，不仅层次丰富，还不会褪色，可以长时间保存，这种艺术形式特别适合绘制放大的人像。蒋兆和听说八叔蒋文岐懂擦炭像，就前去请教。结果八叔只和他说了寥寥几句简单的画法。

蒋兆和只得自己琢磨。炭画需要用到的材料不同于他所熟悉的笔墨纸砚，这是他遇到的第一个难题。没钱买炭精粉和纸笔，能否找到平价的替代品呢？有一次，他偶然发现，用蜡烛对着碗熏烧，碗内会生成一些烟尘。这些烟尘能当炭精粉用吗？他把这些烟尘抹到纸上一试，果然可以！怀着激动的心情，他继续用蜡烛一根接着一根地炮制炭精粉。接下来还需要绘画工具——用于勾线和揉色的笔。家中有废弃的旧毛笔，他又灵机一动，把尖尖的笔头剪下来，再拿胶粘在一块儿，擦笔就做成了。俗话说，办法总比困难多，蒋兆和自制炭精粉和擦笔的经历就是一个鲜活的例证。

就这样，蒋兆和有条件为人画炭像了，总算获得了微薄的收入。有一回，他经过照相馆，发现那儿的背景布已经破旧了，便向摄影师提出，他有办法修补。照相馆老板答应了，对蒋兆和的劳动成果也很满意。后来，蒋兆和又将炭画的本领充分运用到布景中，照出来的相片视觉效果也更立体了，他因此又得到了些许报酬。

1920年，蒋兆和十六岁了。泸州处处兵荒马乱，蒋家依旧贫困，在这种情况下，他决定去上海闯荡。从泸州到上海，路费差不多要八十块钱。每次替人画炭像只能挣三五块钱，他东攒西凑，好不容易攒了三四十元，剩下的钱还是跟叔叔借的，不过总算是凑足了去上海的路费。

去了大都市，他的前途会一片光明吗？

从时尚走向朴实

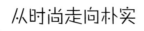

　　蒋兆和在上海遇到的第一个贵人，是他的堂姐。初到上海时，由于找不到工作，身上钱也不多，蒋兆和很快就沦为上海街头的流浪儿。一天，正当他无精打采地在街上游荡，突然发现有位女士特别面善，他鼓起勇气上前一问，果真是堂大伯的女儿！那一刻，他百感交集，流下了激动而委屈的泪水……

　　在堂姐夫的帮助下，蒋兆和得以发挥画炭像的本领，为一些老板画炭像。在接下来的六七年里，他先后为几家百货公司做广告牌、设计商标和服装等，有了较高的收入，生活也算安定了些。新的环境、新的工作，年轻的蒋兆和就这么积极地投身其中，学讲上海话，喝咖啡，穿西装，了解流行的一切，汲取多种时尚元素。有时看到不同花样的英文字体，便寻思着：或许可以把这个形式运用到汉字当中？举一反三，他也因此在美术字、装饰画上造出许多新的创意来。

放在今天，蒋兆和很可能会成为一名时尚总监或知名设计师。可现实并非我们想象的那样简单。蒋兆和后期的绘画题材和风格都较为朴素写实，是什么影响了他的艺术之路呢？

出于商业设计的工作需要，蒋兆和开始自学西洋画。书馆为他打开了新世界的大门。在这里，他遇到了另一位贵人，也是帮助他确定创作方向的第一位引路人。

一天，蒋兆和来到书馆翻阅画册。一位叫黄警顽的营业员发现，眼前这位翻书的顾客给人似曾相识的感觉，他的气质像谁呢？没错！正像自己的好友徐悲鸿！于是，他主动上前与蒋兆和交谈。得知蒋兆和令人同情的身世，又看到他临摹的画作，黄先生便热情地领他到商人黄震之的家里。原来，蒋兆和所敬仰的画家徐悲鸿刚从法国留学回来，这时就借住在黄震之家里。就这样，蒋兆和与徐悲鸿相识了。

在艺术上，徐悲鸿主张改造中国传统画，走

写实的路。蒋兆和怯怯地拿出自己画的人物素描请他指点，徐悲鸿认真看过后，为他细细分析，并感慨道：时代在变化，艺术也应该随着时代发展……像你这样从创作真人肖像画出发的艺术家，在中国还很少见。这无疑给了蒋兆和极大的鼓舞！自此以后，蒋兆和更加明确了自己的艺术创作方向——他要用写实的方式来表现劳苦大众的命运！

1935年，蒋兆和受画友邀约去北平发展。在那里，他拜见了比自己年长四十岁的画家齐白石。两人一见如故，结成了忘年交。第二年，开了画室的蒋兆和开始展出自己和学生的作品。观展的人有艺术家，也有一些同行和爱好者。展出的油画是蒋兆和用心绘制的，技术也足够成熟，形象逼真，却鲜有人欣赏、承认其价值。这又是为什么呢？原来，人们看待一幅画，往往会从自己的艺术偏好出发。当时，在大多数艺术家的观念里，中国画才是正统，其中山水画地位最高，花鸟画次之，人物画排最后。所以，人们如何看待蒋兆和用西方的绘画手法画人物的，也就可想而知了。

正当蒋兆和苦恼于自己的展品不能打动普通人时，齐白石一边指着自己的画作，一边跟蒋兆和谈起他眼中的生活。蒋兆和观察着，聆听着，感受着，也思考着。他大概悟到了什么。或许，可以尝试用传统的水墨画去表现现代人物？在徐悲鸿和齐白石两位导师的启发下，在日积月累的实践中，他终于走出了一条属于自己的路，其定位与选择正如他本人所说的："不摹古人，不追时尚，面向生活，融会中西。"

为民写真的勇气

蒋兆和自幼穷苦，一直生活在动荡不安里，流浪和失业对他来说是常事。最窘迫的时候，冷了，他只能烧报纸取暖；饿了，就盖一件薄衫蒙头苦熬；上门给老爷画像，还被用人嘲笑脚跟的袜子破了洞……可就是这样一位穷困的画家，从来没有忘记自己的使命，他在艺术生涯中一次次表现出令人敬佩的勇气。

很多人都听说过白求恩的故事：抗战时期，敬业的白大夫不畏艰险，在炮火纷飞、形势越来越严峻的战场上，坚持给伤员做手术，连续工作了六十九个小时。对于一个医生来说，手术台就是阵地。

同样，对于蒋兆和来说，画板就是他的阵地。1932年，在日军蓄意侵略上海时，蒋兆和就曾到过前线，为两位指挥战斗的将军作油画像。

读到这里，你可能感到疑惑，一个穷画家，没有枪没有炮，干吗去前线画画？那不是给战士们添乱吗？要是这么想，就大错特错了。战斗的信心不仅需要精妙的军事策略、先进的武器，更需要精神力量的支持！

那时，蒋兆和光荣地成为青年爱国宣传队的一员，到了司令部，前线突突的枪声时不时从电话那边传来，蒋兆和以敬佩的目光观察着指挥战斗的军长，画笔快速地勾勒其五官的轮廓、军服的线条，经过多次往返指挥部和他的住所，他很快就画好了两位将军的肖像。将军临危不惧的形象被印成一张张画报，张贴在大街小巷，深深鼓舞着上海军民抗战的爱国心！

"天下兴亡，匹夫有责。"蒋兆和将个体的情感与国家的命运联系在一起，前期创作《缝穷》《卖小吃的老人》《流浪的小子》等水墨人物画，反映出当时普通人生活的艰难。他曾在画册的自序中写道："我知道有些人需要一些人生的美酒，而有些人需要苦茶来解渴……我当竭诚来烹一碗苦茶，敬献于大众之前。"

无论是在四川，还是在上海、北平，他都目睹了民众的流离失所。终于，到了二十世纪四十年代，凭着非凡的勇气，蒋兆和创作出巨幅画作《流民图》。

为了《流民图》的创作、展出及保存，他和亲友不知克服了多少困难！

当时，日军侵占了北平，北平人民承受着万

般煎熬的民族屈辱，生活苦不堪言。每当夜深人静，蒋兆和即便是闭上双眼，街上人们逃难、讨饭、拖儿带女垂死挣扎的画面仍在他脑海中一一闪过。他自此意识到，单幅的小图画已不足以表现人间惨状了，他要画一幅长卷。可是，自己的生活本就拮据，吃饭都成问题，哪来的钱买纸笔颜料呢？况且去南方搜集素材也需要不菲的路费。这时，他想起自己曾为某位官员画过炭像。当他们重逢于某次聚会时，蒋兆和提及自己有心画大幅画作以反映民间疾苦，却苦于缺乏经费，对方便给了一笔资助费用。

有了资金，就可以进行下一步的计划了。为了应付日本人的盘查，顺利采集素材，蒋兆和又找了懂日语、会速写的留学生穆家麒与他同行。在上海街头，他们专画各种凄惨的景象，不便当场作画记录的，就等回住处后再凭记忆默画出来。写生耗时三个月，在这个过程中，蒋兆和对于画作的构思逐渐清晰了。

回到北平后，大家都特别好奇：蒋兆和最近

又有什么新作啦？他提前把很多画稿藏了起来，每次有人问起，他都只说是在画穷人。画室的箱子里藏着蒋兆和的秘密。画稿的内容多是遭遇轰炸的逃亡难民，表现的是对战争的谴责，以及对侵略者的抵抗情绪。他知道，若是被日方发现，作品肯定不保，更不用说展出了。

怎样才能瞒过别人呢？蒋兆和想了个办法，他把整体画作分成一个个小节，画完一部分就收好，再接着画下一部分，这样别人就不会看出真实的内容了。

当然，采风回来的画稿还需要完善细节，这时候，蒋兆和的好友及学生就派上用场啦！他们很热心地去找模特，为先生在作品中塑造典型形象提供参考。一位叫"许多"的女士后来回忆说，当时她需要扮演的形象，是《流民图》中一个牵着小妹妹的流亡学生。蒋先生一向她描述这个场景，她就捂脸哭了。是啊，要不是日本侵略，他们怎么会成为流民……

《流民图》这个大项目的完成真可谓是过五

关斩六将啊。在成稿的过程中，由于反复修改，耗材比预估的要多得多。没钱画画、办展，学生郭明桥于是想尽各种办法帮忙筹款。

《流民图》虽然画好了，但在作品展览之前，还有一道重要的工序——裱画，也就是将画衬托装裱起来。看到《流民图》，托裱字画的师傅们先是惊讶于画作尺寸之大，随即为蒋兆和的真诚与勇气所感动。他们说，一定把画裱好！冒着被日本巡逻队抓捕的风险，几位师傅连夜在大街上进行托裱任务。他们紧张地赶工到第二天天明，终于把这幅长二十七米、高两米的《流民图》拼接好。

《流民图》能顺利展出吗？

历经千辛万苦，作品终于以《群像图》之名得到了展出许可。在此之前，蒋兆和不是不知道展出这幅作品需要承担什么后果，但他坚持自己的信念，义无反顾地以这件作品为沦陷区的流民发声，表达中国民众对抗战胜利的渴望！

1943年10月29日，《流民图》在太庙（如今的北京市劳动人民文化宫）与观众见面了。一百多个真人大小的人物形象跃然纸上，重现了日军轰炸下人民群众四处逃亡的苦难生活。沿着长卷，人们在流民百态前缓缓走过，默默地看着，轻轻地叹息、落泪……展出不到三个小时，就惊动了日本宪兵队，他们来势汹汹，驱走了观众。让人惊讶的一幕是，其中一个宪兵看到《流民图》后，走到蒋兆和面前，深深地鞠了个躬。《流民图》虽然被禁展了，但唤醒了人们的心灵，而这，皆出于蒋兆和的勇气。

中华人民共和国成立后，蒋兆和很快就适应了新生活。他的作品开始反映中国的新面貌，让人感受到温暖的希望。曾经为人们献出苦茶的艺术家，终于迎来了品生活之美酒的时刻。同时，他又在感悟文学作品的基础上，绘制了《杜甫》《李时珍》等历史人物画。在美术教育方面，他结合自己几十年的实践经验，探索并总结出一套教学体系。他对待学生，就像当年恩师徐悲鸿对待年轻的他那样，尽心尽力，答疑解惑，为他们指明前行的方向。

这就是蒋兆和，始终与人民、与祖国站在一起。他用一生的正直与坚毅，为我们竖立了美好的榜样。

身处洪流独自醒，前线写生绘国魂

——吴作人

吴作人 (1908—1997)

中国画家、美术教育家。原籍安徽泾县，生于江苏苏州。1927年考入上海艺术大学美术系，翌年转入南国艺术学院美术系，并加入南国社。后至南京中央大学艺术系，在徐悲鸿工作室习画。1930年考入法国巴黎国立高等美术学院，后转学至比利时布鲁塞尔皇家美术学院。1935年回国，任教于中央大学艺术系。1940年代起侧重于中国画创作。历任中国美术学院研究员、国立北平艺术专科学校教授。中华人民共和国成立后，任中央美术学院院长，中国文联副主席，中国美术家协会副主席、主席等。擅油画、中国画，风格高迈雅逸，融会中西艺术，是中国美术界继徐悲鸿之后的又一领军人物。有《吴作人画集》《吴作人速写集》等。

　　孩子们，你们见过高原上的牦牛吗？牦牛是青藏高原最常见的物种之一。不管是家牦牛还是野牦牛，初看起来，一群群或一只只，行动缓慢，沉默，给人一种木讷的感觉。但你们可能想象不到，它们行动起来却异常有力、迅猛，被誉为"高原之舟"，对藏族聚居区高原居民来说是"方舟"一般的存在，在他们的生活中占有极为重要的地位。吴作人爱画牦牛，因为它们的性格、强有力的体态和迅疾的速度："为的是体现出一种雄强有力的运动，也是一种雄强有力的艺术境界，使人看了感到有一种推动的力量……"观赏他画笔下的牦牛，体会到的不仅是一种雄强有力的艺术境界，更是一种催人奋进的精神力量。

在困顿中走上艺术之路

1912年正月十三的晚上，苏州查家桥17号的吴家一阵喧闹，几个年轻人抬着一块门板，一个中年男人躺在上面奄奄一息。中年人名叫吴调元，他就是我们今天故事的主人公吴作人的父亲。

十九天前，宣统皇帝溥仪宣布退位，在中国存续了两千多年的封建君主专制制度宣告破灭。然而，此时中国大地上的改革派和保守派的斗争并没有随着清王朝的覆灭而停止，反而更加白热化。吴调元是坚定的改革派，他为旧制度的终结而欢欣鼓舞，期待着在新制度下大展身手，万万没想到这时却被人毒杀在酒桌上，年仅四十岁。

吴调元有十二个子女，吴作人是他的第十子。父亲的猝然离世给这个大家庭带来了几乎是毁灭性的打击，彼时，家中只有两个成年女性，一个是吴调元的母亲杨凤卿，一个是吴调元的妻子王宝生。从此，这两代寡妇不得不带着这个有十几口人的大家庭在乱世中艰难求生。

父亲的早逝让家里的经济状况一落千丈。十四岁的二哥吴之屏在学习之余要打工赚取家用，虽然有外祖父家的接济，但生活依然拮据。因此，吴作人读完小学三年级后就不得不辍学在家，由哥哥姐姐辅导学业。

为了不让失学的吴作人荒废学业，母亲要求他白天在屋内学习，背诵"四书""五经"之类的国学经典，到了晚上才可以出去活动活动。九岁的吴作人正调皮，哪受得了这样的禁锢。他在家很不安分，经常爬上爬下，翻箱倒柜。在阁楼上，他竟然发现了一个"宝藏"。

这个"宝藏"便是祖父吴长吉用过的作画工具，各式颜料、笔墨纸砚，一应俱全。吴长吉虽英年早逝，但在苏州画坛颇有声望。吴作人被这些新奇的物品吸引了，一有时间，他便用这些工具进行绘画创作。

让吴家长辈没有想到的是，吴作人似乎有

绘画的天赋，所作之画特别逼真、有趣，于是，大家对他沉迷于画画这件事也就睁一只眼闭一只眼，不怎么干涉了。

其间，还发生了一件很好玩的事情。吴作人发现，自己那些画作上的颜色不久后都会消失不见，这让他百思不得其解。等到他系统学习美术之后才解开这个谜题。原来，祖父留下来的是矿物颜料，需要用胶来调和，若用水调和的话，等水干之后，画布上的颜色过一段时间自然就消失了。

辍学在家的这段日子，吴作人在哥哥姐姐的辅导下完成了小学学业，并考入了苏州工专附中。这是一所工科学校，文科的课程安排尚且敷衍了事，更不用说美术类的课程了。但吴作人在校期间参与了学校墙壁的装饰设计，这让他对美术的兴趣越来越浓厚。

虽然吴作人对美术很感兴趣，但他中学毕业后并没有报考美术学校，而是考入了苏州工业专科学校（现为苏州市职业大学）建筑系。为什么做这样的选择呢？原来，当时中国只有两所学校有建筑系，对于家境并不宽裕的吴作人来说，建筑师是一份前景非常好的职业。更重要的是，建筑系每周有六个小时的绘画课，这让喜欢美术的吴作人也能兼顾自己的兴趣。

按照这样的设想，吴作人本应该像他五哥一样，成为一名建筑师。但开学后不久，吴作人生了一场大病，这让中国少了一名建筑师，却多了一位举世闻名的大艺术家。这又是怎么回事呢？

事情是这样的。那一年的夏天，苏州酷热，吴作人的腿上突然生了一个多头大痈，又红又肿，疼痛难忍，无法行走，只得休学养病。没想到的是，这场大病竟然持续了一整年。1927年夏天，吴作人准备复学的时候，却得知由于北伐战争，之前就读的苏州工业专科学校已并入了南京中央大学。

他的处境不免有些尴尬，不仅要远赴南京上学，还成了以前同学的学弟。就在这时，他在报纸上看到了上海艺术大学的招生广告，徐悲鸿的名字也在其间。

　　吴作人想起他曾看过徐悲鸿的油画印刷品，当时印象非常深刻。此时再次看到徐悲鸿的名字，他心中萌生了报考上海艺术大学的念头。

　　孩子们，如果家人并不支持你们的梦想，你们还会继续坚持吗？吴作人便遇到类似的阻碍，他想改行的决定在家里引起了轩然大波。祖母最初并不同意，她觉得画画无法帮他取得功名，母亲和三姐却有不同意见，她们认为既然他从小就对绘画感兴趣，就应该听从自己内心的声音，走自己的道路。

　　与此同时，吴作人改行学美术的决心也愈发坚定，不管多么困难，他都决定坚持下去。家人见他心怀不拔之志，便不再干涉。1927年，吴作人考取上海艺术大学，从此开始了他的学艺生涯。

布鲁塞尔皇家美术学院的桂冠生

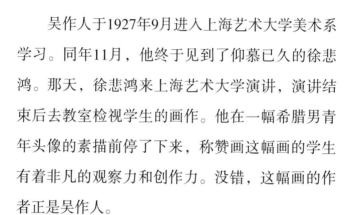

　　吴作人于1927年9月进入上海艺术大学美术系学习。同年11月，他终于见到了仰慕已久的徐悲鸿。那天，徐悲鸿来上海艺术大学演讲，演讲结束后去教室检视学生的画作。他在一幅希腊男青年头像的素描前停了下来，称赞画这幅画的学生有着非凡的观察力和创作力。没错，这幅画的作者正是吴作人。

　　这是徐悲鸿和吴作人的第一次见面。就在这间教室里，徐悲鸿将自己的名片递给了吴作人，并邀请他周日去自己的寓所看画。

　　刚进入美术专业就得到了徐悲鸿的青睐，吴作人非常兴奋。周日，他准时来到徐悲鸿家。徐悲鸿当时刚回国不久，客厅里还堆着从法国带回来的资料和画册，他随手拿起一本旧画册递给吴作人。吴作人很少有机会接触这些精美的画册，于是认真翻阅，仔细研究了起来。

徐悲鸿对这个兴味盎然的学生说，以后有时间就来家里看画册。从此，吴作人成了徐悲鸿家的常客。他回忆起这段往事时说，徐悲鸿在给人看画册时，会观察对方爱不爱惜画册，懂不懂看画册，如果达不到他的要求，他就不会再请对方看画册了。

显然，吴作人良好的习惯得到了徐悲鸿的认可。就这样，吴作人和徐悲鸿开始了长达数十年的交往。后来，吴作人前往比利时布鲁塞尔皇家美术学院学习一事，也是徐悲鸿一手促成的。

为什么选择去比利时留学呢？不可否认，当时他经济拮据，虽然也收到了巴黎国立高等美术学院的录取通知书，但经济压力让他左右为难。就在这时，他收到了时任驻比利时大使谢寿康的来信。谢寿康是徐悲鸿多年的好友，他在比利时布鲁塞尔皇家美术学院为吴作人争取到了一个助学金的名额。

当时巴黎国立高等美术学院美术风格趋向于革新，强调艺术形式，有意淡化内容，而布鲁塞尔皇家美术学院的教育则更传统，偏重于西方写实主义绘画。权衡再三，吴作人选择去比利时。

1930年10月，吴作人正式进入布鲁塞尔皇家美术学院学习，开始了为期四年的留学生涯。这一天，他还在民国政府驻比利时大使谢寿康的引荐下，拜会了时任布鲁塞尔皇家美术学院的院长巴思天教授。

巴思天教授对吴作人带来的画作称赞不已，认为这些画作不同于自己所接触的任何流派，充满了个人色彩。巴思天教授当即同意吴作人进入自己的工作室学习。第二天，他亲自向来自十一个国家的六十多名学生介绍吴作人，说这个新人将成为他们的榜样。

巴思天教授的预言在一年后就实现了。吴作人仅用一年的时间就学完了全部必修课，在专业会考中获得第一名，成为"桂冠生"。你们知道吗？布鲁塞尔皇家美术学院的"桂冠生"可以得到奖学金，能享有个人工作室，学校也将负责他的一切学习费用。

　　吴作人又一次靠才华获得了校方的支持。要知道，拿到这"桂冠生"的荣誉并不容易。他第一年的课程安排得非常紧凑，几乎把所有的时间都花在专业课上。他上午在巴思天油画工作室学习油画，下午学习美术史、透视学和欧洲文学史等必修课，到了晚上又在人体素描班加强自己的素描训练。

　　孩子们，你们看，在求学期间，吴作人除了吃饭睡觉，其余时间都在学习。你们可能会认为，吴作人是靠自己的天赋获得他人的称赞的，但如果没有系统的学习和勤奋的训练，他是不可能拿到"桂冠生"这一荣誉的。最重要的是，他能静下心来琢磨，不断精进自己的画技、积累艺术修养，日复一日，从未觉得枯燥或倦怠。

　　吴作人很清楚自己想要什么。当时欧洲流行各式各样的艺术风格，很容易让人眼花缭乱。但吴作人丝毫不为之所惑，他知道自己来欧洲不仅要学习，更要将西方的写实主义艺术以及欧洲先进的学院制度带回中国，要把这些能够救国图强的方法带回去。你们可能有所疑惑，西方的写实主义艺术如何能救国呢？

且看看吴作人是怎么做到的。1935年8月，吴作人接受了徐悲鸿的邀请，毅然决定回国工作。他要和自己的恩师一起推广写实主义艺术，用艺术去唤醒民众的感知力。

抗战写生团

吴作人回国和家人短暂团聚后，就远赴南京，成为当时中国最高学府中央大学艺术系的讲师，负责教素描和油画。

1937年7月，抗日战争全面爆发。8月，中央大学迁往重庆，在重庆的松林岗搭建了临时校舍。1938年春天，中央大学终于复课了。这个时候，前线也传来了好消息，第五战区总司令李宗仁率领部下激战四天，击毙日军一万余人，取得"台儿庄大捷"。这个好消息鼓舞了全民族的士气，也坚定了全国人民抗战必胜的信心。

得知喜讯后，吴作人心中萌生了一个想法，那就是亲自走上战场，把那些英勇杀敌的将士画下来，让他们的形象传遍大江南北。这一想法得到了中央大学的支持。他和孙宗慰、林家旅、沙季同、陈晓南一起组织了"国立中央大学抗敌画会战地写生团"，前往武汉，准备经由武汉去往台儿庄前线。

吴作人等人在武汉停留了一个多月，却迟迟没有得到军事委员会的拨款，眼看所带的经费即将用完，一行人非常着急。

这个时候，徐悲鸿写了介绍信，让吴作人直接去拜访军事委员会参谋本部副参谋总长白崇禧。于是，吴作人和陈晓南冒着酷暑来到参谋本部。白崇禧得知吴作人是徐悲鸿的弟子，当下给李宗仁写了一封介绍信，并给他们开了战区通行证明，还以个人名义给写生团资助了二百元的活动费用。

有了介绍信和盘缠，战地写生团再次步上

了前往抗战前线的道路。他们从武汉坐火车到信阳，然后从信阳改乘汽车到潢川，第五战区司令部就位于潢川。他们抵达后，李宗仁在司令部热情款待了写生团的所有成员。

　　写生团原先的计划是先去商丘再前往台儿庄采风，但李宗仁建议他们更改路线，因为敌军即将采取反扑行动，他们的计划太冒险了。在李宗仁的建议下，写生团选择在商丘与潢川之间的战区医院和难民收容所等地方搜集素材。李宗仁非常爱才，他生怕这些画家有所闪失，还特地委派了司令部的军官随行以照顾他们。

　　在商丘一带，吴作人和同事们目睹了备受战争摧残的乡土和无家可归的难民，以及在前线英勇奋战的战士。他们深受触动，于是利用一切时间来写生，把所见用画笔记录下来。

　　一个星期后，随行军官收到情报，得知日军即将反扑，于是建议写生团回到潢川总部，再由李宗仁派军车送他们回武汉。

　　台儿庄大战历时一个月，国民革命军和日军

共投入兵力约三十五万，战况非常激烈，可谓尸横遍野。但吴作人和他的同事们却选择在这样危险的时刻前往战场，把前线真实的场面用画笔画下来，这需要的不仅是勇气和毅力，更需要拳拳的爱国之心。

对吴作人来说，作出前往前线战场这个决定尤为艰难。因为这个决定也意味着将妻子及较为安逸的生活留在后方。但他依然义无反顾地走上了前线，用自己的才华，用自己的画笔，让那些抗战英雄留在画纸上，为国家、为民族贡献了自己的一份力。

1939年初，战地写生团在重庆举办了战地写生画展。画展全面展现了抗日战士在前方英勇杀敌，进行艰苦卓绝斗争的形象，激发了全国民众一致抗敌的决心。不论是拿起枪杆杀敌，还是提起画笔鼓舞士气，吴作人和前线战士一样，都在尽自己之所能保卫这个国家和民族。

这就是吴作人：在困顿中奋发图强，勇敢追

逐自己的梦想；身处洪流而不忘初心，誓求革新中国的写实主义艺术；在炮火中与志同道合之友砥砺前行，力图为抗日战争留下最动人、最真实的记录。他这一生似乎都在"逆行"，用手中的画笔将战争年代的磨难和个人生活的坎坷绘成了一幅幅充满生命力的不朽画作。

苦少年逆天改命，坚净翁不忘初心

——启功

启 功 (1912—2005)

中国书画家、书画鉴定家、学者。字元伯，也作元白，满族，生于北京。长期从事文史教学与研究，曾任教于辅仁大学，中华人民共和国成立后任北京师范大学教授、中央文史研究馆馆长、中国书法家协会主席等职。精于书画及文物鉴定，任国家文物鉴定委员会主任委员。在书学上力主临习墨迹，尤其重视结字，创"黄金分割法"。书风于端庄静穆中寓劲健飘逸，被称为"启体"。书法界评论道："不仅是书家之书，更是学者之书、诗人之书。"著有《启功丛稿》《论书百绝》等，并有《启功书法作品选》等多种书法结集。

　　孩子们，了解中国历史的你们一定听说过"爱新觉罗"吧。它是清朝皇帝的姓氏，我们今天故事的主人公启功先生便是清雍正帝的第九代孙。可是他为什么不姓"爱新觉罗"呢？原来啊，"觉罗"是语尾，带有宗室、远支的意思，在清朝灭亡之后，强调"觉罗"便毫无意义了。满语中"爱新"是"金"的意思，有些"爱新"氏在民族融合的过程中，早早改姓"金"，但启功先生这支一直没改。这又是为什么呢？

　　清朝灭亡后，袁世凯颁布命令，所有"爱新"氏都改姓"金"。但启功先生一家十分痛恨袁世凯不讲信誉的卖国行为，祖父毓隆老先生在临终前甚至立下遗嘱，要求子孙后代不得改姓"金"。从小受祖辈爱国情怀和刚正精神影响的启功自然谨记祖父的遗命。

三进辅仁

　　启功先生是我国当代著名的书画家、教育家，在辅仁大学（即现在的北京师范大学）任教了一辈子。可是，很少人知道，年轻的启功曾经从辅仁"三进两出"，而这一切仅仅是因为他的学历不够。

　　孩子们，我们都知道学历是一块敲门砖，有了这块敲门砖，你的机会可能就比别人多。要知道，启功只有中学学历，他怎么能在大学教书呢？你们心里一定充满了疑惑吧？别急，听我慢慢讲这个故事。

　　1933年，启功二十一岁。作为家里的顶梁柱，他急需一份工作维持生计。巧的是，他曾祖父的门生傅增湘担任过北洋军阀政府教育部的教育总长，还是辅仁大学的校董。这位傅先生带着启功写的文章，专程去拜访当时辅仁大学的校长陈垣先生，想为启功谋一份差事。

说到启功的曾祖父，就不得不介绍一下这个显赫的家族啦。启功的始祖是清雍正皇帝的第五子、乾隆皇帝的弟弟弘昼，但从启功的高祖、曾祖一代起，家境便渐渐衰落。后来，启功的祖父靠科举进入仕途，担任过四川学政、主考、典礼院学士，家里的生活才慢慢好起来。不幸的是，父亲在启功未满周岁的时候就去世了，于是，出身翰林又擅长书法的祖父承担起养育启功的责任，这对启功的成长影响非常大。

启功十岁时，祖父去世，紧接着叔祖、祖母陆续过世，这个大家庭在经济上越来越困难，没过多久就破产了，搬离了原来住的胡同。启功的母亲和姑姑省吃俭用地抚养启功，供他上学。上中学的时候，他实在不忍心再看到母亲和姑姑为他操劳，便毅然从中学退学，想早点挣钱奉养她们。那时候的启功还不知道，学历问题日后会让他的工作几经波折。

话说，陈垣校长读完启功的文章后大为赞赏，惊讶于这个年轻人竟能写出如此好的文章，断言他将来一定大有作为。就这样，这对有着半个世纪情谊的师生通过一篇文章开始了交往。多年以后，启功回忆道："如果说我对文化教育事业有一滴贡献，那就是这位老园丁辛勤灌溉时的汗珠。"他口中的老园丁就是陈垣校长，可见陈垣校长在启功的教育生涯中影响有多大。

惜才的陈垣校长安排启功在辅仁大学附属中学教授国文课，相当于今天的语文课。这对于出身教育世家的启功来说，也算是得其所哉了。

启功登上了辅仁附中的讲台后，陈垣校长经常亲自教导他如何教书育人。启功自己也兢兢业业，认真备课和教学。国文本就是启功的长项，因此他的课讲得异常生动有趣，学生们也非常喜欢这位年轻的老师。

可是，这样一位深受学生爱戴的老师却不被看好。当时辅仁大学附属中学的校长过分重视学历，认为启功只是个连中学都没有毕业的青年，根据学校制度，他没有资格在中学任教，于是没过多久就把他给解聘了。这对于一个刚刚踏入社会的青年来说，是多大的打击啊。

陈垣校长却认为启功是一个有能力、有潜力的好老师，对他抱有很大的信心。1935年，爱才惜才的他又将启功安排在辅仁大学美术系担任助教。好巧不巧的是，此时负责美术系工作的就是之前将启功解聘的辅仁大学附属中学的校长。就这样，启功还没工作多久，又因为"学历不达标"被解聘。

启功的失业让他的家庭失去了经济来源。为了生计，他去给有钱人家的孩子做家教。他知道自己的学历低，但学历低并不代表能力低。工作之余，他刻苦读书，研习书法和绘画，渐渐地在书画上有了一些名气。

陈垣校长是有眼光的，他一直坚信启功身怀八斗之才，如果因为学历问题被埋没，这将是一个很大的损失。三年后，辅仁大学再次聘请启功教授国文课。

启功深知自己必须尽快做出点成绩，不然就无法在辅仁大学站稳脚跟，也会辜负陈垣校长的欣赏和信任，于是他在任教期间比任何人都勤奋。他的课基本都座无虚席，经常有其他院系的学生来旁听，有时候人多到不得不改在大厅里上课，连走道上都坐满了人。就这样，启功以自己的真才实学得到了大家的认可。

从1933年在辅仁大学附属中学教国文开始，一直到中华人民共和国成立，启功始终没有离开过讲台。作为著名的教育家，他教授过中国文学史、中国美术史、历代韵文选、历代散文选等众多课程，充分显露了非凡的才华。由于他学识渊博、教学有方，教什么都得心应手、独具风格，得到了众多学生的肯定和喜爱。

刻苦学习书画

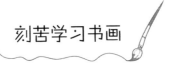

孩子们，我们都知道，启功是著名的书法家，但启功并非只专于书法，他在古文字学、古代诗词文学、历史、绘画等领域也硕果累累。他

之所以能在书法上卓有成就，是因为他在传统文
化上积累的深厚底蕴。

　　我们现在拿起字帖，一眼就能分辨出上面的
字是颜体、柳体，还是欧体、赵体，因为彼此的
风格非常鲜明。启功的字也是如此，一眼就能看
出其异于他人的风格。

　　启功从很小的时候开始就在祖父的督促下练
习书法。刚开始练字时，他悬腕运笔总会哆哆嗦
嗦，描红也描不好。因此在很长的一段时间里，
他的画要好于他的字。

　　启功十几岁的时候，一位长辈准备把他画的
画装裱起来挂在家里。看到长辈这样喜欢自己的
画，启功非常兴奋。可长辈又执意让启功的老师
代他落款。年轻气盛的启功因此大受刺激，于是
暗暗下定决心，一定要把字练好。下定决心后，
启功几十年如一日，不论严寒酷暑，刻苦钻研，
精进不休。

　　学过书法的你们一定知道，书法学习要从
临帖开始，启功也不例外。他花了很多时间来临

帖，一笔一画，临到分毫不差。这样的字一个个看起来很漂亮，可是一挂起来又觉得没有神韵，这让启功百思不得其解。

经过长时间的琢磨，他发现问题出在字的结构上。于是，他从字的结构入手，用一种透明的方格纸放大名家的碑帖，一遍遍临摹，寻找字的结构规律。

这样的规律其实是很难发现的。一般人练字，都是从写九宫格或者米字格开始的。启功却发现每个字的重心不一定在中心上，所以不能简单地将字分成上中下三等分。在长时间的研究中，他根据字形结构首创了"五三五"不等分，这种分法让一个字上下左右的分量变得比较重，而中间部分的分量则变得较轻。

所以，一个字的结构决定了这个字是形似还是神似。笔画再精妙，如果结构出了问题也于事无补。启功还认为，写字就是要把结构写好，结构好了，想怎么用笔就怎么用笔。每天也不用练太多字，把每一个字的结构安排妥当就是好功夫，否则，一天练习十几个小时也是无济于事的。孩子们，这些练字的方法对你们是不是也有所启发呢？

有意思的是，因为启功的字写得好，在"文化大革命"期间，启功不用贴大字报，只需负责抄写大字报。有时候，由于时间紧迫，"造反派"就直接把白纸贴在席棚墙上，让启功站着抄写。

就这样挥毫几年后，启功无意间也练就了"站功"，他的字也更放得开了。后来，当启功的书法作品享誉海内外并成为"国宝"时，还有不少人去北京师范大学校园搜集启功当年所抄写的大字报呢。

启功经常戏称自己的字是"大字报体"。他九十二岁的时候还能写小楷，而且手一点都不发抖。有一次，北京师范大学的秦永龙教授和他开玩笑，说他现在的字跟以前的不一样了。启功说："哪里不一样呢？"秦教授哈哈大笑，说："您现在的字比之前更放得开了。"启功也笑称自己现在是豁出去了。

其实，这正说明了启功的字已经摆脱了名家对他的影响，形成了自己的风格，那就是"启体"。启功的字清隽挺拔，富有书卷气。这样的书卷气是在各种传统文化下熏陶而成的，这也是启功的独特之处。

"坚净翁"启功

启功的卧室小小的，还兼有书房的功能，他称之为"坚净居"，并自号"坚净翁"。这个名号其实来自他的一方古砚，上面有两句铭文："一拳之石取其坚，一勺之水取其净。"坚定如磐石，洁净如清泉，这也是启功人生的真实写照。

启功是一个非常幽默随和的人。因为他的书法写得好，所以北京的古文化街琉璃厂以及古玩旧货市场潘家园的很多摊主都与他相熟，也卖过他的书法作品，甚至还有人伪造他的字招摇撞骗。但启功对此并不生气，他认为这是人家谋生的手段，没有必要断了人家的生路。有人问启功，该怎么判断买到的是不是他的真迹呢？启功就笑说，写得好的是假的，写得不好的才是真的。由此可见，启功是多么谦和、宽厚。

但当别人冒用他的名字进行古书画鉴定，甚至还在赝品上以他的名义落款时，宽厚的他也是会较真的。在发现这样的伪造假签名后，他当即在报上发表声明，称从今往后不会再为个人鉴定字画的真假，也不会为个人收藏的古字画题签。他曾说："我对这种行为必须讲真话，这与造我的假字不同，这是以我的名义欺诈别人，对这种犯罪行为，我要保留追究刑事责任的权利。"很多人看了这则声明后，都不相信启功真的能够做到，因为他平时那么随和，总是有求必应。但令人想不到的是，启功在这件事上的决心非常大，谁也奈何不了他。这也是他"石之坚"精神的表现。

其实，启功更多的时候如一条静谧的大河，有着赤子之心，洁净清澈，视名利为鸿毛，一心扑在教育和推广中华文化的事业上。

"文化大革命"结束的时候，启功已经六十多岁了，但依然和青年教师一起，开展恢复教学秩序的工作。此前很多教学资料遭到了严重破坏，更有不少教师被迫害，导致他们最终离开了讲台，教学条件非常恶劣。为了尽可能给那些渴求知识的学生创造好的学习环境，启功参与编写教材，给本科生上课，给研究生上课，甚至还主动请缨给夜大的学生上课。可想而知，他当时的工作是多么繁重啊。

改革开放后，中外交流活动多了起来。启功由于博学多才，在学界、教育界都享有极高的声誉，因此被推选为全国政协委员，从此就更忙碌了。他不仅要给学生上课，还要参加各种文化交流活动，但年届花甲的启功却像刚刚重获新生的国家一样，充满了活力。即便精力和体力已大不如前，但他初心不改，老当益壮，坚定着自己的为祖国教育事业和文化事业作贡献的信念。

北京师范大学准备给启功涨工资的时候，他却婉言拒绝了。他认为自己的老伴已经过世，现在只剩他一个人生活，当下的工资足够用了，于是便把涨薪的名额让给了更需要的人。这样的高风亮节让很多人备受感动。

启功一直居住在小乘巷的小屋子里，卧室只有十来平方米。1981年，六十九岁的启功坐公交车去北京师范大学上课，下车时不小心摔了一跤，情况很严重。学校考虑到启功年事已高，每天挤公交不安全，就在校内给他安排了一间屋子。后来，又安排他搬到那栋有着"浮光掠影楼"美誉的小红楼。在之后的二十多年里，启功就在小红楼里给研究生上课，读书作画，接待朋友。

启功的生活非常简朴，粗茶淡饭，布衣土鞋，家具一用就是几十年。但他却热心公益事业，多次资助失学儿童。2002年是启功的恩师陈垣校长诞辰一百二十周年。这一年，启功捐出了一百六十三万元人民币，以陈垣校长的名义设立了"北京师范大学励耘奖学助学基金"。"励耘"是陈垣校长生前书屋的名字，启功用这样的方式，感恩陈垣校长的知遇之恩。旁人赞许他的大义，但他觉得自己只是做了该做的事情。

今天，我们看启功留下的照片，还能从他的面容上看到这份"坚"与"净"。也许，这就是相由心生吧。他始终抱着赤子之心，心澄净如初，不囿于名利，坚定地走着自己朴素的人生路，用自己的光热照亮学子前行的道路，孜孜不倦地培育着祖国的希望。

野性矫健师造化，悲喜工程传千秋

——黄胄

黄胄（1925—1997）

中国画家、收藏家、社会活动家。河北蠡县人。1949年参加中国人民解放军，后在西北军区从事美术工作。中华人民共和国成立后，历任西北师范学院艺术系讲师、中国画研究院副院长、中国美术家协会常务理事等。擅中国画，富收藏，精速写，多次深入甘肃、青海、新疆等少数民族聚居区，创作反映当地风土人情的绘画，尤擅画驴。其画风热辣，个性鲜明。有《黄胄作品选集》《黄胄速写集》《百驴图》等。

黄胄从小便立下不凡之志，以传承民族精神为己任。与大多数画家"师法自然"的理念不同，他的绘画更注重从生活中取材，并随着生活经历的变化而变化。他开拓性地将速写的表现手法引入中国画的基本功训练中，在中国现代美术史上有重要意义。

亲历疾苦，勇立壮志

黄胄原名梁淦堂，1925年3月31日出生于河北省蠡县梁家庄。说起他名字的来历，还有一个小故事呢！十四岁那年，他在宝鸡的惠工中学读书时，所在班级在体育比赛中获得一面锦旗，锦旗上写着的四个字"炎黄之胄"——炎黄子孙，天之贵胄——刹那间激发了他的民族自尊心与责任感，于是他将自己的名字改为梁黄胄。孩子们，你们知道"贵胄"是什么意思吗？在古代，帝王或贵族的子孙就被称为"贵胄"。由此可见，他从小便有不凡的志向和追求。

黄胄的祖父梁景峰平时喜欢唱戏，尤其擅长画脸谱。黄胄自小便跟着祖父听戏、唱戏。父亲梁建勋虽然常年在外当兵，但喜欢收藏书画，黄胄在父亲收藏的书画里流连忘返，渐渐也喜欢上了画画。这种潜移默化的熏陶对年幼的黄胄来说，无疑是很好的艺术启蒙。十一岁时，他学骑自行车时摔断了腿。在很长的一段时间里，他只能躺在床上静养，还好可以在脑海中画画，他每天沉迷其中，借此度过了那段难熬的时光。

全面抗战时期，黄胄的父亲更是常年奔波在外，一家人过上了聚少离多的生活。母亲带着他和两个姐姐不断逃难，生活极其艰难。尽管居无定所，但黄胄每天仍然坚持画画，从未放弃。不能系统学习画画，他便经常临摹抗战宣传画，自己认真钻研。在这些宣传画中，黄胄特别喜欢赵望云的农村写生作品。赵望云是当时有名的美术家，主张"一手伸向传统，一手伸向生活"。受他影响，黄冑也开始了四处写生的生活，立志成为一名画家。

天有不测风云，十五岁时，父亲病逝，家里一下子没有了经济来源。这对黄冑来说无疑是巨大的打击，他中学读了两年便被迫辍学。然而，他在艰难谋生之余仍然没有停止绘画，经常到贫民区、酒馆和茶馆写生，画速写。他经常画小幅画作，用寥寥数笔捕捉瞬间的动态，或蹲于田间地头，或立于铁路车站沿线，即时勾勒，记录所思所见。人间烟火气，最抚凡人心。正是深入生活写生的这段经历，让黄冑目睹了老百姓在乱世中艰难求生的人间百态。"路有冻死骨""哀鸿遍野"的凄惨景象深深刺激着他的神经，心中的爱国情怀由此升腾而起，于是他用手中的画笔将这些所见记录下来，也验证了那句话："艺术源于生活，又高于生活。"

和大多数画家不同的是，黄冑在最初画画时并没有大量地临摹，而是通过写生、速写等方式，边观察边画，沉浸在热闹的人间烟火里，看到什么便画什么，不受任何拘束。其实这样反而更能让他放开手脚去创作，激发内心自由创作的天分。由于经常在茶馆里画速写，他因此累积了很多画作。有一次，他试着将一批戏剧速写卖给一家画店，没想到画店老板竟欣然接受，为此他深受鼓舞，更坚定了继续画下去的信心。

三位名师，三盏明灯

人生最大的幸事莫过于得遇良师。在黄胄的绘画道路上，有三位老师对他产生了深远的影响。

十八岁时，黄胄经人介绍，给画家韩乐然当画童，负责在他旅行写生时帮忙背行李、拿画具。写生路上风尘仆仆，但黄胄从不觉得累，相反，他非常珍惜这样的学习机会。每次外出写生，他都非常认真地为韩乐然准备画具、铺纸、研墨，在一旁专心致志地观摩老师作画，揣摩其构思。

　　韩乐然有"中国的毕加索"之美誉，曾留学法国，见多识广，且专业底蕴深厚，为人也十分和蔼可亲，丝毫没有大画家的架子。很快，他发现了黄冑对绘画的热爱和天分。得知黄冑窘迫的生活处境后，韩乐然索性让这个学生住进了自己家里，在生活上给予他无微不至的关怀和帮助，在绘画技艺上也毫无保留地为他答疑解惑。正是这样的朝夕相处，黄冑有幸从韩乐然那里学到了很多绘画的知识，如素描常识、配色技巧、结构布局等，这些技艺里既有传统中国画的精华，又辅以西方写实主义的技法。韩乐然还将欧洲文艺复兴时期一些代表画家和雕塑家的故事讲给他听，这对没有受过系统绘画训练的黄冑来说，无疑是千载难逢的启蒙机会。

　　除了专业技艺的熏陶，韩乐然的爱国和自强也深深影响了黄冑的人生观和价值观。

　　黄冑的第二位老师就是前面提到的著名画家

赵望云。经同乡引荐，黄胄有幸成为赵望云的第一位学生，并一学就是六年。六年间，赵望云不仅毫无保留地向黄胄传授了自己的绘画技巧和创作理念，还在理想信念、心性修为等方面潜移默化地影响着他。

抗战期间，时局动荡，百姓生活于水深火热之中，很多文化期刊也被迫停刊。赵望云力排众议，坚持创办并主编了文艺杂志《雍华》，黄胄则负责具体事务，在杂志约稿、插图设计、版式设计、文字校对、出版发行上均亲力亲为。对黄胄来说，很多工作都是从零开始的。他虚心求教，认真学习，无数个伏案工作的日夜都是在编辑与校对中度过的。无论是炎炎烈日，还是数九寒冬，他始终投身于自己所热爱的事业里，一点也不觉得累，一点也不觉得苦。正是这段办刊的宝贵经历开阔了他的视野，推动了他思想和艺术理念的成长。

《雍华》杂志图文并茂，以传播高尚趣味为办刊理念，陆续刊发了鲁迅、徐悲鸿、姚雪垠、吴作人等在文学界、艺术界有巨大影响力的大家之作，成为传递正义与理想的一扇窗口。在绘画领域，《雍华》主要刊发赵望云、黄胄、方济众等人的写实作品，这些作品将笔触对准贫苦老百姓，真实再现了战争的残酷，读者通过一幅幅生动的画卷，感受到老百姓所经受的苦难，以及他们与苦难对抗的勇气和力量。

赵望云不遗余力地为黄胄寻找表现的机会，曾推荐他到《民报》工作。在那里，黄胄不仅完成了很多画作，还结识了很多知名画家，其中对他影响最大的就是画家司徒乔。司徒乔带着黄胄四处写生，言传身教，细致教授他绘画技巧，这对黄胄提升美学素养起着举足轻重的作用。因此，司徒乔可以说是黄胄学画过程中第三位重要的启蒙老师。

1938年，国民党为了阻断日军进攻而炸毁了郑州花园口堤坝，导致河南、安徽及江苏三省四十四个县被淹，洪灾持续了近十年，人们因此把这个区域叫作"黄泛区"。"黄泛区"是苦难的代名词，见证了中华民族历史上最悲惨的时刻之一。黄胄跟着司徒乔来到"黄泛区"，目睹了一系列惨状：老百姓饿得骨瘦如柴，年幼的孩子嗷嗷待哺，村子里瘟疫流行，哀鸿遍野，一片凋敝。这让黄胄的内心受到了极大的震动。司徒乔对他说：一个画家不能只关注绘画技巧的提升，还要有独特的绘画立场与态度；作品不仅要追求美，还要追求思想的深度。这番话无疑让黄胄醍醐灌顶，他开始将笔触投向真实的生活，因此创作了一大批反映民生疾苦的写实作品。在他的笔下，有为了给年幼的孩子讨口粮的大娘，有眼看着父母活活饿死而号啕大哭的孩子，甚至还有人吃人、狗吃人的人间惨剧。

有一次，黄胄在"黄泛区"见到一个孩子。只见他左臂挎着篮子，右手拿一把铁铲，身上的衣服破破烂烂，无精打采地走着。明明正值青春年华，这个孩子头上却没几根头发，很明显是营养不良导致的。黄胄提笔迅速画下了这个小孩，并取名为《小秃儿》。其实，在当时的"黄泛区"，这样的小秃儿比比皆是，他们又被称为"流民"，流离失所，露宿街头。这些流民题材的写生作品，后来在《雍华》杂志的"黄泛区素描"专栏进行连载，让更多人看到了百姓水深火热的困苦生活，也成为一条鞭笞政治时局的鞭子。

黄胄吸收了赵望云农村题材中国画的精髓，也受到韩乐然西洋画素描的影响，更从司徒乔那里学到了绘画应有思想深度。三位名师如三盏明灯，对他的人生之路与艺术创作之路产生了深远影响。

跌入尘埃，艺铸辉煌

在黄胄的艺术创作中，新疆少数民族题材的中国画作品独具特色，也成为他闪亮的一张名片。早年，他曾多次随老师赵望云去新疆、青海等少数民族聚居区写生。黄胄对老师送他参加中国人民解放军一事非常感激，他的艺术创作也由此登上了一个全新的台阶。

中华人民共和国成立后，文艺创作也时移俗易。经毛主席批示，全国范围内迎来了中国画、年画创作的改革高潮，艺术创作的主题开始转向歌颂新中国工农兵的乐观、幸福和自豪。一些知名画家如李可染、洪毅然等也纷纷投身绘画改革，黄胄也开始了新的中国人物画的艺术探索之路。

黄胄曾在西北军区负责部队的美术工作，辗转于甘肃、青海和新疆等地采访和写生，创作了大量反映少数民族生活题材的绘画作品。不同于以往绘制的宏大故事，黄胄开始将笔触投向真实的生活，通常是聚焦一个或几个小人物，从某一个生活小片段切入，以普通老百姓生活上的变化来反映整个国家和民族发生的翻天覆地的变化。

我们一起来欣赏一下黄胄于1953年创作的《打马球》吧！只见六匹奔腾的骏马跃然纸上，随着六个身着少数民族服饰的队员的变化而呈现出不同的动感。这六匹马神态各异，有的前蹄腾空，有的急速转身，有的鬃毛在风中飞扬，观者仿佛能感受到这一场球赛的激烈和精彩。值得一提的是，在这幅作品中，黄胄运用了"复笔"艺术手法。所谓"复笔"，就是重复勾勒线条，这也是黄胄个人绘画风格中最突出的一个特点。他常说："一笔不准，就再画一笔，如果连画几笔都不准，那就再画，总会有画得准的一笔。"这种精益求精的独特创作理念也催生了他作品中与众不同的动感和生动。

前文我们提到，黄胄特别擅长画新疆少数民族题材的作品。在这类题材的作品中，黄胄尤擅画驴，特别是水墨毛驴，堪称一绝。可就是这样一位极擅画驴的画家，在"文化大革命"期间却被扣上"反革命黑驴贩子"的帽子，成为被批斗的对象，接受监督和劳动改造。

那是一个平常的午后，黄胄正在家中画画，突然冲进来一批人，不由分说地乱翻乱砸，上万幅凝结了无数心血的速写和画作被人抬走，家中的文物、字画收藏等均被没收。黄胄欲哭无泪，犹遭五雷轰顶。后来，黄胄在不同的地方接受劳动改造。在莲花池博物馆改造期间，黄胄主要的工作是喂驴、赶驴、磨豆子、做豆腐和卖豆腐。他精心喂养毛驴，对驴的习性也非常了解，闲时还经常和毛驴聊天。黄胄喜欢喝酒，每次带着毛驴路过常去的小酒馆时，毛驴都会自发停下来，仿佛通人性一般。

后来，黄胄被平反，恢复了工作。有一天，他偶遇了自己在劳动改造期间喂养的那头毛驴，他边与赶车人说话，边下意识地抚摸毛驴。当他骑着自行车离去时，谁也没想到那头毛驴像受惊一样跟在他身后奔跑，路人惊得不停呼喊。黄胄闻声停下，那头毛驴马上跑到他面前，不停地拱着他的肩膀，好像在说：我好想你，舍不得你走。那情景让人忍不住潸然泪下。

劳动改造期间，黄胄虽然暂时放下了手中的画笔，但那种跌入尘埃的苦难经历和生活体验却加深了他对人性与社会的理解，进一步提升了他艺术创作的质感。

　　恢复工作后，仿佛是为了弥补劳动改造期间被迫"荒废"的主业，黄胄废寝忘食地画画，参加了周恩来总理批示的各大使馆的装饰画绘制工作，还受邀为日本长崎的中国唐人馆绘制作品。要知道，当时受邀参加绘制的，还有吴作人、李可染和吴冠中等著名画家。为此，黄胄尽心竭力地忙碌了两个月，完成了三幅作品，其中最有名的一幅是《日夜想念毛主席》。

　　你们知道吗，这幅画的背后还有一个感人的故事呢！黄胄早年在新疆采访和写生时，遇到一个执着的维吾尔族老人库尔班。老人感念毛主席让他们脱离了苦难的生活，想用毛驴驮着干粮和特产送给毛主席，以表达自己的谢意。可是，他根本不知道从新疆到北京的路有多遥远，他不顾众人劝说，执意要去，还说：太阳升起的地方就是毛主席在的地方，只要一直朝着太阳升起的地方走，就一定能见到毛主席。后来，当地部队把老人的故事上报中央，中央派人来把老人接到北京，老人终于圆梦了！

　　黄胄用细腻的笔触生动再现了人民对新中国、新生活的无限热爱，这幅《日夜想念毛主席》也成为他最具代表性的佳作。可谁知，就在这幅画创作完成的第二天，毛主席便逝世了。这幅画也成为寄托对毛主席思念之情的代表画作。完成这幅画之后，黄胄时常出现行动困难甚至摔倒等症状，很快，他被确诊患了颈椎病，处于轻微瘫痪状态。这对热爱绘画的黄胄来说无疑是晴天霹雳。可即便如此，他仍不顾反对，住院期间常常偷偷练习画驴、猫、狗等小动物，还忍着疼痛完成了《松鹰图》。这幅画后来成为国家领导人出访南斯拉夫的国礼。

　　出院后，黄胄在妻子和女儿的陪同下前往新疆写生，他随时记录，用画笔生动再现了所见所感。由于身体还未完全康复，每隔几日，他便不得不停下来休息和接受治疗，可一旦遇到动人的场景，他便马上忘了自己还是个病人。由于腿脚不方便，他坐不住时，便干脆跪着画，就像用整个生命在画画一样。身体的病痛并没有摧残他的意志，反而激发了他不懈的斗志，让他创作出了更多精彩的作品。

作为画家，黄胄在中国现代美术史上具有崇高的地位。他多次应邀在国内外举办个人展览并出版画集，引起了西方艺术家对中国水墨画的浓厚兴趣，对展示和传播中国传统艺术也起到了很好的示范与促进作用。

黄胄的另一个卓越贡献是组织筹建了我国第一个民办艺术博物馆——炎黄艺术馆，旨在收藏和展示中华民族优秀文化艺术品，尤以当代中国画为重，为海内外艺术家、收藏家提供艺术交流的场地。炎黄艺术馆连续举办了很多高规格的中国书画展览，如"北京文物精品展""近百年中国书画展""海峡两岸雕塑展"等。众多知名画家都曾在这里展出过作品，如齐白石、黄宾虹、潘天寿、李可染、蒋兆和、赵望云等。作为一扇窗口，炎黄艺术馆传承创新，生生不息，为中国艺术的传承立下了不世之功。

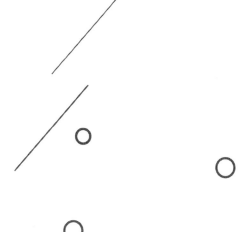

艺途漫漫勤求索，横站中西六十年

——吴冠中

吴冠中（1919—2010）

中国画家。别名茶，江苏宜兴人。早年毕业于国立杭州艺术专科学校。1946年赴法国巴黎国立高等美术学院学习油画。1950年归国，先后任教于中央美术学院、中央工艺美术学院，为中国美术家协会常务理事。擅长油画、彩墨画，多作人体和风景题材。画风注重形式美，富于个性和创新精神。代表作有《长江三峡》《狮子林》《双燕》等，著有《谈美说画：吴冠中散文集》等。

　　如今的张家界，可以说是家喻户晓的旅游胜地了。因其"三千奇峰，八百秀水"的独特景色，吸引着国内外一批又一批的游客。不过，你们知道吗？早在1979年，在这个地方尚未被广泛熟知时，一位画家便邂逅了张家界林场，他不仅以此作了几幅水墨画，更是以一篇发表在《湖南日报》的散文《养在深闺人未识——一颗失落的风景明珠》，将张家界推向了世界，让世人迷上了这个钟灵毓秀之地。

　　为了纪念这位画家，2012年9月，张家界国家森林公园的广场上竖立起一座铜像。铜像人物身背画夹，坚定地眺望着远处的奇峰。这位画家便是——吴冠中。

懂事孝顺的长子

说起自己的出身，吴冠中是这般描述的："江苏宜兴北渠村，一个教书兼务农的穷教员和一位大家庭破落户出身的文盲女子结婚后，生下一大堆儿女，我是长子。"

家人对这个长子疼爱有加。在吴冠中还不记事的幼儿时期，外公曾抱起他，乐呵呵地说："这孩子耳朵大，将来肯定有出息！"母亲呢，她更是尤为宠爱这个唯一用母乳喂养长大的孩子。而父亲，勤恳老实的他，总是悉心地照料儿子，在生活和学习上对他予以全力支持。

1926年，七岁的吴冠中上小学了。学校是父亲受吴氏宗族的委托，在村里创办的私立小学，吴冠中在这所学校里度过了四年的时光。

你们可能有些疑惑，小学为什么是四年而不是六年呢？那个年代的学制跟今天有所不同，小学六年的教育分为"初级"和"高级"两个阶

段，初级小学设立一年级至四年级，毕业后才能
上高级小学，也就是念五、六年级。私立吴氏小
学属于初级小学，算上吴冠中的父亲，总共只有
三个教师。平时，不同年级的学生合用一间教室
上课，可见规模之小。

　　父亲经常教导吴冠中：要好好学习，长大了
在村小学当个教员。在父亲看来，教员大概是足
够体面、受人尊敬的身份了。吴冠中也很听话，
他天生聪慧，勤学善思，从初小到高小，再到中
学、大学，每次都特别争气，凭着优异的成绩，
考取了理想的学校。考试就是他顺利升学的法
宝。小时候，看到吴冠中成绩优异，同学和他们
的父母都想当然地解释道："吴冠中回家后有父
亲教呗！"可教师的子弟就一定很会念书吗？这
是一直以来的偏见。旁人这般归因，吴冠中听了
可不认同——父亲经常从早忙到晚：作为教员，
他要给学生上课；作为会计，他须理清学校的账
目；家里呢，还有十余亩地等着他耕作，加上妻
子因多次生产而长年卧病，于是系上围裙下厨、

喂猪的活儿也落在了他身上，哪儿还有工夫去辅导孩子功课呢？只有吴冠中自己知道，自己优异的成绩完全是靠勤学苦读得来的。

吴冠中大概是遗传了母亲敏感细腻的性格，又习得了父亲的勤俭节约，所以要比同龄人懂事得早一些。

只是，再怎么懂事的孩子，也难以压抑爱玩的天性啊。幸运的是，大自然为乡下孩子提供了广阔的游戏天地。在吴冠中的童年记忆里，拥有玩具这件事是奢侈无比的。在今天，如果我们想要玩具，到商店里购买就是了，可对于来自穷乡僻壤的孩子来说，这份"轻易"是可望而不可即的。没有玩具的时光，吴冠中就到池塘边、湖边，随手拾几颗石子，往水面抛去——打水漂是他聊胜于无的游戏方式。后来，父亲省吃俭用，在镇上给他买了一个小皮球。吴冠中爱惜得不得了，每天带着它去学校，同学们纷纷投来羡慕的目光。课间，吴冠中就拿出皮球快活地拍起来，小伙伴要借，他总会答应，不过只准人家拍几下，便催促着快点儿还回来。到了晚上，吴冠中将心爱的皮球擦干净，把它放在枕边。球是充了气的，总有瘪掉的时候，所以不时要带到镇上去打气，他日日夜夜记挂着这件事。无奈父亲事务繁多，去镇上的那天偏不巧忘了把球带上。吴冠中得知父亲出发不久，赶紧抱着皮球去追，可他追了一路，终究没有赶上父亲。桥头人来人往，而他，一个孩子，抱着瘪气的球，一路哭着回家了……

因为家境贫寒，吴冠中童年没少经历过这类心酸事。

吴冠中的姑父是个渔民，他有一条小渔船。父亲为了节省费用，每逢吴冠中投考或去镇上上学，他便向姑父借船，两位长辈轮流摇船，一齐送吴冠中到镇上去。镇上的夜市热闹得很啊！吃的玩的，小摊一排接着一排，街上新鲜的小玩意儿让吴冠中两眼发光，但一想到家人长期辛劳地种田、养猪，只为凑钱供他上学，他又怎么忍心再让父亲花钱呢？他随父亲默默地躲到街角，剥开从家里带的凉粽子吃起来，与此同时，不远处飘来了阵阵美食的香味……唉，父亲实在不愿让儿子受委屈，便买了一份热豆腐脑给他吃。吴冠中忙不迭地说："您也尝尝！"但父亲摆了摆手，只想把好吃的留给儿子。到了寄宿的学校，父亲用好不容易凑够的钱把学费缴了，帮他把床铺好后便离开了，吴冠中却偷偷哭了，下定决心要更加发奋学习。

在老师们眼里，吴冠中是个好学生、乖孩子。不过，有一件事情却令他尤为难忘，那一次，他被老师打了手掌心。

在他就读的鹅山小学校园里，有两棵古老而高大的银杏树。金秋时节，银杏树上结满了一个个可爱的白果，果子熟了，啪嗒啪嗒掉到地上，学生若是捡了，都要交给老师，这是规矩。有一回，吴冠中听同学的父亲说，白果是很好的药材，有润肺止咳的功效。同学的父亲是位中医，他的话应该错不了。吴冠中想到母亲缠绵病榻，咳得厉害，一直没见好，家里一度认为是肺病，用药无数却毫无起色。想到这近在咫尺的白果或许能医治母亲的病，吴冠中便动了"偷"的念头。他先是找来几个要好的同学，跟他们商量着哪天找机会一起行动。万事俱备，只欠东风。终于，在一个狂风暴雨的夜晚，吴冠中和同学悄悄跑到银杏树下，使劲地摇动树干，随即，许许多多的白果从枝头而降。吴冠中快活极了，拼了命似的拾取落地的果子。两只小手抓不了太多，他急得叫同学帮他多捡些，没想到这么一叫，把附近正在睡觉的训导主任吵醒了。第二天，学校查出来，是吴冠中带头偷的果子，作为惩罚，每人该打十板手心。训导主任没有问学生犯错的具体缘由，吴冠中当时也不想让别人知道自己是为了医治母亲才那么做的。在办公室受罚的时候，先前表扬过他的老师也在场，吴冠中当即羞愧得面红耳赤，只得把头埋得低低的……

后来，他从不敢忘记这一刻的难堪。即便有苦衷，他也不应该带头违反规定，更不该让看重自己的老师失望。从此以后，他时刻警醒自己，要加倍努力，力争上游，不负老师的期许。

漫漫学艺路

　　十五岁那年，吴冠中从无锡师范学校毕业。出于对未来的考虑，他选择走上工业救国的大道，考入浙江大学附设工业学校电机科。上完大一的那个暑假，浙江省组织各校大一、高一学生到杭州进行为期三个月的集体军训，学生们被混编进连队。

　　军训期间，吴冠中认识了一个新朋友，名叫朱德群，他是杭州艺术专科学校的学生。吴冠中和朱德群年纪相仿，聊起天来很投机，两人在寝室里无话不谈。一个周末，朱德群邀请吴冠中去他们学校参观。谁也没料到，那一次参观竟改变了吴冠中的人生轨迹。

　　杭州艺术专科学校陈列的绘画、雕塑作品，都是吴冠中从未见过的，它们一下子就击中了吴冠中的心！晚年回忆起来，他还能清晰地形容当时的感受：当时的自己就像是个婴儿，第一次睁眼看到了全新的世界。他惊叹，美是如此有魅力，他被美俘获了！

要转专业，要学美术！吴冠中下定了决心。他回想起自己中学时最喜爱的是文学，尤其崇敬鲁迅先生，无奈家境窘迫，不能以文学作为事业。现在，爱上艺术的他决定勇敢听从内心的声音，并立志要在艺术领域发挥像鲁迅在文学领域中的那般作用！最不济，艺术也可以成为他谋生的手段。

凭着对艺术的热情和一如既往的努力，吴冠中如愿考入了杭州艺术专科学校绘画系。

当时，杭州艺术专科学校的校长是林风眠，学校聘请的老师大都是从法国留学归来的，教学的整体方向也是中西结合，偏重学习西方的艺术观念和技法。绘画系的学生要西洋画和国画两手抓，但国画课所占的比例很少。受当时社会思潮的影响，许多艺术生盲目崇拜西方，轻视中国传统文化。吴冠中是少数认真学习国画的学生，他白天学西洋画，晚上练习国画。国画教员是潘天寿，他本人崇尚创新，在教学上主张初学者要多临摹古画，以打好基本功。潘天寿正直的人品和高超的艺术水平令吴冠中无比崇拜。吴冠中和好朋友朱德群遵从先生的教导，在临摹上投入了不少时间和精力，常常练习到深夜。

吴冠中入读杭州艺术专科学校一年后，抗日战争就爆发了。学校带着学生从杭州一路迁往江西、湖南、云南等地逃难。尽管身处战乱，吴冠中也没有停止学艺，一如既往地投入，不放过任何学习的机会。在湖南沅陵的临时校区，他欣喜地发现，图书馆里藏有《南画大成》，这本书选取了中国南宗画派画家的代表作品，并按照年代顺序进行了整理，可以说是有史以来第一部中国绘画作品的合集。这么一部中国文人画的绝佳范本，吴冠中岂会轻易错过？当时战情严峻，只要急促的警报响起，师生们就得停课停学，跑到避难所躲避敌机的轰炸。过了段时间，吴冠中根据经验了解到，一般情况下，就算警报响了，轰炸也不一定会降临，于是，他请求管理员将他反锁在图书馆内，让他继续临摹《南画大成》。无疑，这种做法在当时的背景下是极其危险的，所幸厄运并未找上他。后来，学校转迁到昆明，吴冠中又发现翠湖图书馆有石涛、八大山人等书画大家的画册，不过不能外借，于是他就天天带着纸张和笔墨去图书馆临摹。得益于日复一日的临摹与练习，吴冠中在青年时期便形成了较高的传统中国画修养，也为他日后进行中西融合的创作奠定了基础。

从杭州艺术专科学校毕业后，吴冠中到重庆大学建筑系担任助教。一次，校长在助教大会上说助教只是他们前进的中转站，他希望大家做好职业规划，早日跨入人生的新阶段。吴冠中想起杭州艺术专科学校的老师们，想起令他陶醉的印象派绘画，其实，他何尝没有憧憬过自己也能到现代艺术的殿堂——巴黎去深造呢？

吴冠中把校长的话牢记在心，很快就开启了新的学习模式：一边认真完成助教工作，一边利用课余时间到附近的中央大学旁听文化课和法语课，为将来可能的出国深造做准备。机会总是留给有准备的人的，终于在1946年，国家恢复了公费留学的政策。令他紧张的是，这一年要选拔三个自费艺术生、两个公费艺术生，名额非常少，而战后的考生又特别多，竞争压力可想而知。不过你们可别忘了，考试是吴冠中的法宝啊，这一次，他再一次不负众望，以美术类各科总分第一的成绩被录取了，如愿赴法国公费留学！

春风得意马蹄疾，古有孟郊恨不得"一日看尽长安花"，今有吴冠中踏上欧洲土地，如饥似渴地观遍欧洲的各大美术馆、博物馆，欣赏艺术大师们的真迹。当吴冠中第一次看到凡·高的《向日葵》时，激动得几乎要跪下来。是的，真正的艺术是能传递情感的。在他看来，凡·高画的不仅仅是一盆向日葵，还是很多性格不同的人的脸，他看到了其中的苦难与悲哀，并产生了深深的共鸣。

作为公费留学生，吴冠中进入巴黎国立高等

美术学院学习油画，他先是跟随传统学院派的杜拜教授训练写实的功力，而后又选择了他更为欣赏的苏弗尔皮教授为导师。苏弗尔皮教授的艺术创作强调感受，他认为观察对象或作品可分为两类，一类是高贵的"美"，另一类是庸俗的"漂亮"。前者的价值显然更高，故追求、呈现真正的美乃艺术的大道。苏弗尔皮教授的指导对吴冠中的美学观念产生了长远的影响。后来吴冠中回忆道："我确乎崇拜他，也是他启发了我对西方艺术品位、造型结构、色彩的力度等学艺途中最基本的认识。"而吴冠中当年的表现也得到了导师充分的肯定，被赞誉为"最好的东方学生"。

留学的经历大大拓宽了吴冠中的视野，这样的视野也为他提供了艺术思考与创作的底气。

写生之艰辛

　　回国后，由于吴冠中所持的现代艺术观念与当时国内的文化环境格格不入，原本画人物的他，不甘沦为纯粹为宣传服务的画工，决定改画风景画。对风景画来说，写生是非常重要的积淀。在室内习画时一般是以临摹和练习为主，写生则更复杂，要求画者创造性地将自然形态的美，升华为艺术形态的美，通过景物呈现来寄托画者的理想、愿望和感情。在中央美术学院任教期间，吴冠中有许多外出写生的机会，无论是带学生写生实习，还是教师的寒暑假，他都异常珍惜。

　　谈到写生，吴冠中对"旅行写生"这个词尤为反感，因为不了解的人听到这个词时，容易将写生误认为是游山玩水。殊不知，他本人所经历的写生，条件往往艰苦异常。在过去，很多地区尚未得到开发，如果路途难走，一般的司机甚至会选择拒载，画家唯有找其他法子前往。好不容易抵达当地，还常常要忍受严寒酷暑、风吹日晒。有一回，学生发现吴冠中的脑门上有一道道白色皱纹，这是何故？原来，吴冠中写生时从不戴帽子，在烈日下不时皱眉，阳光射不进皱纹里，久而久之，就有了这一道道白色的皱纹。

1959年的暑假，吴冠中又准备去写生了。这一次，他的目的地是海南岛。原本希望能够得到一笔稿费，以节省开支，无奈遭到了退稿。但他觉得不能浪费提升技艺的宝贵假期，咬咬牙还是自费到海南写生了。

出门在外，总得寻个住处。今天我们要入住酒店或旅馆，带上身份证到前台登记就可以了。而在二十世纪五六十年代，我国公民还没有身份证，那要怎么证明自己的身份呢？当时，人们出差前要先在单位开介绍信，凭介绍信到招待所登记入住。

招待所的老板看过吴冠中的介绍信后，得知他是中央美术学院的副教授，急忙为他安排了最高规格的房间。但吴冠中连忙摆摆手，称只要最普通的房间。一方面，他得节省开销；另一方面，画油画时，颜料易沾染周围物品，不好清理，他不想给别人添麻烦。

第二天，吴冠中背着沉重的画具深入椰林，尽管全副武装地穿着长衣长裤，回到住处时，他身上还是留下了不少被蚊虫叮咬的红包，奇痒无比。写生结束后，他乘火车回北京，走进车厢时，发现乘客很多，行李架上塞满了行李，而且没有多余的空座位。可包起来的油画隔层压不得，吴冠中只好将自己的座位用来放画。火车走了三天，他就在车厢里站了三天，等回到北京时，腿早已站肿了。但看到自己的画完好无损，他也就安心了。

吴冠中通常是独自一人外出写生。妻子退休后，她有时也会与之同行。吴冠中曾说："我一生只看重三个人：鲁迅、凡·高和妻子。鲁迅给我方向给我精神，凡·高给我性格给我独特，而妻子则成全我一生的梦想，平凡，善良，美。"

　　年轻时，妻子朱碧琴对他的艺术世界不甚了解，吴冠中时常为了艺术而忽视家庭，她因此对他颇有怨言。后来，因为工作的关系，她才慢慢走近美术，从最初的反感到逐渐接受，最后也能与丈夫一同谈论画作之好坏。

　　有一次，吴冠中背着大大的画板到山坡上作画，画到一半时下起了细雨，同行的朱碧琴赶紧撑起伞护画，夫妻俩却在雨中淋湿了。后来雨停了，又开始起风，风越吹越大，几乎要把画架吹倒了，此时吴冠中的画还没完成，朱碧琴便用自己的双手代替画架，这才稳住了画板。在风中，她保持同一个姿势扶着画板，直到吴冠中完成作品。以前，她因育儿持家辛苦，常常责备丈夫只知道画画。现在，她很清楚丈夫对艺术的热爱，不论遇到什么困难，他都不会轻易停止绘画，于是决定助他完成梦想。

　　吴冠中对艺术的忘我追求感动了妻子，妻子对他的包容以及为家庭的付出，又何尝不让吴冠中深深感激呢？正因为有了妻子这个坚实的后盾，他才能心无旁骛地外出写生，不断打磨自己的画技。

不当"荣誉的囚犯"

自学画时开始，吴冠中便立下志向：在油画里探索民族化，在水墨中寻求现代化。带着这一初心，经过几十年的践行，吴冠中走上了一条连接古与今、中与西的艺术之路，力求让"中华民族的独特气质被世界认识"。在作品无法发表的日子里，他始终相信自己的创作是有价值的，日复一日地创作着，坚定的艺术信念支撑着他度过一段又一段艰难的"冷板凳"时期。改革开放后，他的作品终于逐渐得到了美术界的认可，并受到了收藏界的追捧。

1989年，吴冠中的水墨画《高昌遗址》在拍卖会中以187万港元售出，创下了中国在世画家成交画价的最高纪录。在此前后，他的诸多画作也陆续流入市场，被高价拍卖。

　　作品升值本是件可喜的事，但这对于吴冠中来说却不完全是个好消息。数十年来，他一心投入创作，晚年的他却无奈地发现，金钱引人堕落——不少人为了一己私欲，不禁"恶向胆边生"，或盗取他的画作，或制造伪作参与交易，甚至有犯罪分子对他进行敲诈勒索！

　　吴冠中为此深感痛心。他不希望劣作留存于世而沦为商品，更不愿看到艺术爱好者受骗。于是，在家中的小画室里，吴冠中一遍又一遍地审视自己的作品，对不满意的画作，他狠下心来一一毁掉。很快，地板上堆满了他撕毁的画纸、剪碎的画布。如若遇到自己不忍下手的作品，他就让家人帮忙销毁。不料，外人竟想尽办法拾走其中的画作残片！吴冠中得知后哭笑不得，于是之后毁画的时候，他还特地交代孙子：得先将作品上署名、盖图章的一角撕掉，再处理其他部分。

　　苦尽甘来，晚年的吴冠中以其旺盛的精力活

跃于画坛，经常受邀到国内外各地随展讲座，进行文化交流，同时还获得了许多荣誉，但他初心不变，以"活到老，学到老"的精神继续创作，始终对自己的作品持有高水准的要求。在他看来，一幅真正的好作品，既要让艺术界的专家鼓掌，也要与大众产生情感联结。后来，这个艺术标准被他生动地归纳为"风筝不断线"，风筝可以越飞越高，艺术创作要不止探索、不断创新，但不能远离现实生活。吴冠中将欧洲绘画技艺与中国传统文化结合起来，始终与人民心连心，深入生活、了解生活，表现人民能看得懂的东西。这也是他对中华民族的拳拳赤子之心，对乡土的深深眷恋之情。

吴冠中一直将一些自己心爱的作品留在身边。在生命的最后几年，他却将自己的大量画作无偿捐赠给多个美术馆、博物馆。他说："我的作品属于人民大众。"这也与他的"风筝不断线"创作理念不谋而合。

　　吴冠中没有受困于成就而止步不前，没有囿于荣誉而掉入自我的泥淖，他从人们的现实生活中汲取灵感，也真正做到了将艺术回馈于人民。

激情无限探艺海，为画痴狂传精神

——石鲁

石鲁（1919—1982）

中国画家。原名冯亚珩，因崇拜画家石涛与作家鲁迅而改名石鲁，四川仁寿人。1936年毕业于成都美术专科学校，1939年初去延安，曾入陕北公学，从事革命文艺工作。中华人民共和国成立后，历任中国画研究院委员、中国美术家协会陕西分会主席、陕西中国画院名誉院长。前期从事版画、漫画、连环画等的创作，后期致力于中国画，勇于迈古开新，作品野、黑、乱、怪，富于时代精神和独特风格。代表作有《石画辑》《石鲁书画集》等。

　　石鲁天性爱自由，有非常强的好奇心和求知欲，对新东西从来都是"贪得无厌"。他不仅爱画画，还会川剧变脸，战争期间多次发表激情洋溢的演讲，甚至当过导演，舞美、道具、排练全都亲力亲为……这种对艺术的探索精神几近狂热，也铸就了他艺术创作的多个高峰。

顽皮少爷，诗意童年

　　石鲁原名冯亚珩，出生在四川省仁寿县文公乡松林湾的冯家大院里，从小过着养尊处优的阔少爷生活。

　　石鲁在子孙辈里排第九，所以又被称为老九。他从小就不喜欢受约束，不喜欢冯家大院里那些精美的假山荷塘、奇花异草，反而喜欢跑到后山和放牛娃一起玩。他对放牛娃们说："别叫我少爷,听着拘谨,叫我老九就好!"每天私塾一放学,他就跟着这些放牛娃一起漫山遍野地疯跑,玩各种好玩的游戏。他不仅聪明顽皮,还很仗义。有一次,为了帮放牛娃要回背篓,他大胆捉弄管家,因此被母亲赏了一顿"笋子煎肉"——也就是被母亲用尖利的竹条打了一顿,屁股火辣辣地疼。因为这事,私塾先生嘲笑了他几句,他便"怀恨在心",决心要捉弄一下先生。于是他趁先生睡觉的时候躲在床下,伸出一根竹板戳先生。当然,顽皮的九少爷免不了又挨了父亲的一顿揍。

冯家曾坐拥千顷良田,冯家大院更是修建得美轮美奂,院内亭台楼阁、雕梁画栋和楹联比比皆是。在大院的一角,有一栋藏书楼,它历经三代人的苦心积累,不仅藏书万卷,而且门类齐全。冯老太爷常年醉心于收集各类好书,经史子集一应俱全,另外还藏有大量的碑帖。在这些藏书中,少年石鲁最感兴趣的是文与可画竹的故事,他翻来翻去,不知读了多少遍。文与可对画竹的痴迷深深感染了少年石鲁，也让他心里的艺术种子慢慢萌芽了。

　　石鲁的外公王国桢是蜀中地区著名的书法家，冯家大院的许多牌匾都由他亲笔拟写。石鲁每次去外公家，都会不由自主地被满墙的精美字画吸引。这种浓郁的书香气息扑面而来，对他来说也是一种美好的濡染。

　　走进冯家大院，迎面就是一座飞檐凌空的戏楼，这种气派非一般私家庭院能有。石鲁从小便跟着家人在自家戏楼里看戏，最让他入迷的是川剧的变脸。红脸、黑脸和蓝脸之间究竟是怎么变换的？他一直没有弄明白。神秘的川剧像一座多彩的艺术宝库，为他打开了通向艺术世界的一扇门。

　　少年石鲁虽然调皮顽劣，不喜拘束，读起书来却很认真，加上他天资聪颖，甚得先生喜欢。冯家作为大户人家，私塾先生也一个比一个学识渊博，他跟着私塾先生们读了很多书，从《三字经》《诗经》《尔雅》到《左传》《古文观止》，还读背了大量唐诗宋词，从小便打下了坚实的中国传统文化基础。

观画、看戏、读书，再加上儒雅的家风，这些都潜移默化地影响着石鲁，在他心中播下了一颗热爱艺术的种子。

开蒙启智，静心钻研

说起石鲁学画的启蒙老师，那就不得不提二哥冯建吴了。二哥从小就喜欢画画，且画什么像什么，家人看他非常喜欢画画，还颇有画画天赋，就送他去当时赫赫有名的成都美术专科学校学习。在二哥出发去成都的那一天，家人都来送行，唯独不见石鲁。要知道，石鲁可是每天跟在二哥后面，二哥画什么，他便画什么。这么重要的送别时刻，他怎么反而不露面了呢？二哥一转身，才发现年幼的石鲁正躲在门后面偷偷流眼泪呢！原来，他担心二哥走了后就没有人再教他画画了。父亲见状，马上安慰他："老九，等你长到二哥这么大，我们也送你去上美专。"石鲁马上不哭了，眼里透出像星星一样闪亮的光。

石鲁从六岁开始就跟在二哥后面涂涂抹抹，年仅十五岁的二哥也因此担负起了教弟弟学画的责任，这一教就是九年。后来，二哥冯建吴又进入上海昌明艺专继续深造，并跟从王一亭、冯君木、潘天寿等众多名家学习，接受了诗、书、画、印诸多门类的严格训练。在二十二岁那年，二哥和同学一起在成都创立了东方美术专科学校，还曾邀请国画大师黄宾虹入校讲学。

十五岁那年，石鲁终于如愿进入二哥的东方美术专科学校学习绘画。二哥的教学方法也很特别，并没有因为石鲁是弟弟就对他格外照顾。他一站上讲台，对待石鲁就像陌生人一般，板着脸，连平时亲切的笑容也收了起来。在石鲁画画时，二哥也只是默默地站在他身后看几眼，有时用手指在他画作的某处重重敲击一下，有时是一言不发地走过去。每当这时，石鲁就感到十分紧张，不知二哥是何意。他常常盯着自己的画作，左思右想，不知道哪里画得好，哪里又需要改进。

久而久之，他终于体会到二哥的深意了：有人引路固然好，但这终究代替不了个人的独特感悟。求索的过程固然艰辛，但经过自己的艰苦摸索，那种豁然开朗的成就是无可比拟的！正所谓"师傅领进门，修行在个人"，二哥或许秉持着"授之以鱼不如授之以渔"的想法，想多敲打、磨炼自己的这个弟弟，不想破格特殊照顾他，长久的庇护并不能让他有大的长进，甚至会让人失去斗志，丧失前进和求索的欲望，但若放手让他大胆去试错，或许他以后会有更大的成就。

想明白了这一点，石鲁便没有那么郁闷、难受了。他一头扎进绘画的世界，如痴如醉地临摹宋元明清时期诸多大家的作品，沉浸在艺术的殿堂里，也借此开阔了视野。石鲁学画画尤其认真，甚至有点儿痴痴的劲头，一画就是半天，屁股就像黏在板凳上似的不挪窝，就连上厕所也是一路小跑，更别提吃饭了——他画起画来经常忘记吃饭，常常随便扒拉几口稀饭。二哥看在眼里，急在心里，既为他画画的认真劲儿高兴，又担心他不认真吃饭导致营养不良。石鲁的辛勤付出总算没有白费，在第一年的期末测试中，他的成绩名列前茅。年纪最小的冯老弟，立即成了校园里的焦点人物。

除了认真钻研，石鲁还有一个优点，那就是对新的东西从来都是"贪得无厌"，多多益善。他有非常强的好奇心和求知欲，只要看到新东西，就想去了解、去学习。与平静、闭塞的松林湾大院相比，成都毕竟是个大都市。在这里，新知识与新思潮不断涌入，冲击着人们的思想。在东方美术专科学校求学期间，石鲁也开始接触更多的先进思想。他大量阅读鲁迅、茅盾、郭沫若等大家的作品，那些激动人心的新观念不断冲击着他，新世界的一扇扇门为他洞开。他虽生活在军阀混战、民不聊生的污秽尘世，却极其向往平等、和平的理想世界。新旧世界的碰撞每天都撕扯着他，折磨着他。在他的心里，一颗革命的小种子也开始萌芽了。

学校的生活是紧张、充实又快乐的，石鲁不分日夜地临摹、学习，沉醉在艺术的世界里。临近毕业时，学校要组织学生到风景优美的乐山和峨眉山旅行写生，石鲁既激动又心慌。激动的是，终于可以在祖国的明山秀水中旅行写生，以自然为师，在大自然的鬼斧神工里体会艺术之美；心慌的是，他囊中羞涩，并没有太多盘缠。有的同学可能会纳闷，石鲁不是松林湾的少爷吗，怎么会缺钱呢？原来，石鲁的母亲虽是出身望族的大家闺秀，可石鲁的父亲为人温和，甚至稍显懦弱，长期以来，一直都是母亲在打理家里的事务，年深日久，母亲的性格也变得非常刚毅，常常说一不二，没有任何商量的余地。母亲原本盼着石鲁能接过她肩上的担子，管理家族事务，可没想到他却一门心思扑在画画上。在母亲眼里，学画画能有什么大出息呢？她自然是不同意的。

　　为了继续艺术深造之路，石鲁和母亲开始了旷日持久的拉锯战。母亲甚至多次以断绝石鲁的生活费为手段，试图让他放弃学画，但石鲁都坚持了下来。不管怎样，同学们东拼西凑，帮他凑够了旅行的盘缠，二哥也给了很大的帮助，石鲁毕业时的旅行写生总算如愿了。就这样，石鲁断断续续地完成了学业。

　　峨眉山之秀，乐山之险，置身于大自然的灵山秀水中，石鲁兴奋不已，画不尽林木幽幽、古刹晚照，赏不尽千岩叠翠、雪峰插云，真是江山如画、宏伟壮阔！在写生时，石鲁大胆采用西洋画与国画相结合的方式，古朴中有别致，形成了别具一格的个人色彩，得到了同行老师的赞赏，二哥也非常欣慰。这种青蓝相接的启蒙，对石鲁来说是多么重要啊！

投身革命，锐意求索

孩子们，你们可能很好奇，石鲁的原名并不叫石鲁，那么他是什么时候改名的？又是因为什么改名的呢？

前面我们提过，石鲁的母亲性格强势，她不希望他学习绘画，甚至给他包办了婚姻。生性热情、充满激情和幻想的石鲁自然难以接受这些陈旧的观念。为了逃离封建家庭的桎梏，在一个夜晚，石鲁背起简单的行囊，义无反顾地离开了松林湾大院，来到了革命的圣地——延安。在那里，他加入了中国共产党培养青年干部的学校——陕北公学青训班。

人生中，石鲁第一次挽起袖子和裤脚，和大家一起拿起锄头开荒种地，对于这个从小在松林湾大院长大的少爷来说，这无疑是一种全新的体验，且充满了挑战。但这对天性爱自由的石鲁来说，却有枯木逢春之感，生活条件虽然艰苦，他心里却是自由、畅快的。山野粗粝的风吹黑了他的脸颊，却磨砺了他坚强的意志，他因为工作认真、责任心强，被同学们一致推举为学生会主席。

随着抗日战争进入战略相持阶段，为了避免无谓的牺牲，陕北公学分批组织学员向陕北根据地转移。石鲁来到了他梦寐以求的鲁迅艺术文学院学习。在这片全新的土地上，石鲁大口呼吸着新鲜的空气，他决定给自己改一个全新的名字，庆祝人生新的开始。

他想起了自己最崇拜的两个人：一个是清初画家石涛，他擅画山水，尤其富有创造性，主张"有法必有化"；另一个是近代文学家鲁迅先生。他曾认真拜读过鲁迅先生的文学作品，为其深刻的思想和敏锐、清醒的意识所折服，尤其是被鲁迅先生身上不屈的战斗精神深深感染。于是，一个融合了两位大师名字的新名字诞生了——石鲁。名字虽然只是一个符号，可当名字中融入自己独特的人生追求和艺术求索时，名字便有了丰富的内涵。

在陕北公学和鲁迅艺术文学院学习期间，石鲁的绘画天赋再一次得到了发挥。抗战宣传画、活动海报，石鲁都画得又快又好。有一次，同学们见他在窑洞里埋头画画，原来他是在描摹一本书里的列宁画像，真是惟妙惟肖。他保留了从前在学校期间养成的习惯，经常在课余时间摸出一个小本本，不是临摹就是写生，画起画来忘了吃饭，忘了时间。当时条件艰苦，并没有太多可供临摹的画作，石鲁就把马克思和列宁的黑白照片印刷品拿来临摹学习。

时间长了，同学们渐渐发现这位留着长发、皮肤黝黑的年轻人不仅会画画，而且多才多艺，性格也十分热情、爽朗，富有幽默感。空闲时他给同学们表演川剧变脸，一时间，眉开眼笑、笑容凝滞、嬉皮笑脸等多种表情交替在他的脸上出现，且越变越快，让人目不暇接，同学们不由得拍手叫好。幼时松林湾大院那栋飞檐凌空的戏楼上斑斓多彩的脸谱和道具，培养了他善于欣赏美、创造美的心灵。

他不仅登台表演，还策划了一系列剧目，成为陕北公学业余剧团的导演。每当有剧目要排练，石鲁都忙得不可开交，他所住的窑洞内外变成了舞美工作室。舞台布景、人物造型，他都亲力亲为，没有颜料，他甚至跑到大山深处采集彩色矿石，背回来连夜试验制作颜料。画画、演讲、表演、导演……石鲁的激情在战争岁月里被一次次点燃，那颗艺术的种子逐渐生根、发芽，茁壮成长。

精神突围，攀艺术高峰

彼时，在延安的田间地头，有一幅独特的风景画：一个头发长长的青年，背着一个篮子，走走停停，选中地方后，他便取出速写本开始画画。这个青年就是石鲁。

因为在艺术上不懈地追求，石鲁凭借扎实

的基本功和非凡的创意，历任西工团的美术组组长、延安大学文艺系美术班班主任、西北美术工作委员会副主任等职务。他能在艺术上有巨大的成就，和他长期坚持苦练基本功是分不开的。他时刻揣着一本速写本，画满了吹唢呐的老汉、开荒的老红军、山沟中吃草的羊，真是艺无止境。正是由于长期深入生活，他的代表作《娃娃兵》才能以独特的视角震撼人心。

去野外写生的画家并不少，但像石鲁一样全副武装、穿戴奇特的并不多。他写生的服装是专门缝制的，宽大无比，到处都是口袋，应该是为了方便分装各种画笔和颜料。他每次必带的工具还有望远镜，每当无法观察到更细微的细节时，望远镜就派上了用场。有一次，他甚至把一张气垫沙发绑在行军床上，在路上行走时还差点被警察误以为是小偷。石鲁就像一个老顽童一样，把一种惊世骇俗的热情献给了艺术事业。

《古长城外》是一幅令他名噪一时的中国画。这幅画选材独特，场面广阔，以穿越古长城的兰新铁路为背景，将扑面而来的新生活隐喻成即将呼啸而出的铁路，就像石鲁自由、浪漫的天性一样。中华人民共和国成立后，石鲁还担任了在印度首都新德里举办的万国博览会中国馆的总设计师。他精心设计的中国馆独具中国传统艺术特色，吸引了成千上万的参观者。《转战陕北》《南泥湾途中》《东方欲晓》……石鲁创作的经典佳品源源不断，这也标志着他在中国画传统技法的传承与革新上又迈出了伟大的一步。

　　好景不长，石鲁怎么也没有想到，"文化大革命"期间自己被扣上了"反动"的帽子，在无休止的"批斗"与"上山下乡"的磨炼中，他的精神大堤几近崩溃。对于追求精神自由和独立品格的艺术家石鲁来说，他无法接受社会的不公，也过不了自己心中的那道坎，因此每天都活在水深火热的煎熬中。后来经医生诊断，石鲁患上了精神分裂症，"青丝白发一瞬间，谁人许我再少年"！曾经鲜衣怒马、才华横溢的松林湾大院九少爷，如今却落得如此凄凉的下场。

　　但勇敢、坚毅的石鲁又怎么会轻易向命运屈服呢？虽然他在那段艰难的岁月中精神状态不够稳定，内心对绘画的热爱却始终如一，并促使他对命运的玩弄大声说出了"不"。

　　莎士比亚说："疯狂的人往往能说出理智清醒的人所说不出的话。"石鲁在正常与癫狂的精神状态中，创作了常人难以想象与完成的艺术作品，实现了精神突围。艺术家往往是孤独的，苦难给了他常人难以忍受的折磨，他不得不踽踽独行。但从苦难中汲取的精神养分，也令他飞升到了"独与天地精神往来"的艺术境界。从精神病院出来后，石鲁每天仍然坚持画画，探索的精神永无止境。"探索！不断探索！"这是他的临终嘱咐，也是一个天才艺术家一生执着追求的真实写照。